GERHART BAUM
FREIHEIT

GERHART BAUM

FREIHEIT

Ein Appell

BENEVENTO

1. Auflage

Medieninhaber, Verleger und Herausgeber:
Red Bull Media House GmbH
Oberst-Lepperdinger-Straße 11–15
5071 Wals bei Salzburg, Österreich

Satz: MEDIA DESIGN: RIZNER.AT
Gesetzt aus der Palatino, Radikal
Umschlaggestaltung: Benedikt Lechner
Umschlagmotiv: Amac Garbe, Dresden
Autorenillustration: © Claudia Meitert / www.carolineseidler.com
Printed by GGP Media GmbH, Germany
ISBN 978-3-7109-0124-9

INHALT

Prolog	7
1 Zeitenwende	17
2 Die Freiheit, frei zu sein	25
3 Die neuen Biedermänner und Brandstifter	39
4 Schützt eure Daten	53
5 Der Staat darf nicht alles	73
6 Kultur und Freiheit	97
7 Schaut über den Tellerrand	107
8 Quo vadis, FDP?	125
Schlusswort	151
Dank	159
Lektüre-Empfehlungen	161
Sach- und Personenverzeichnis	165

PROLOG

Warum schreibe ich mit 88 Jahren noch ein Buch – ein Buch über die Freiheit? Die Antwort auf diese Frage führt zu den Katastrophen und Kämpfen des letzten Jahrhunderts. Sie haben die Freiheit zu meinem Lebensthema gemacht. Ich habe die Nazizeit miterlebt, habe in Dresden, wo ich aufwuchs, die Aufmärsche und Transparente gesehen: »Ein Volk, ein Reich, ein Führer«. In der Schule musste ich Hitlers Lebenslauf auswendig lernen; Dienst als Mitglied des Jungvolks. Am Wochenende fuhren wir zu »Geländespielen«. Wir wurden militärisch gedrillt und sangen gemeinsam völkische Lieder ab. Nach dem leider gescheiterten Attentat auf Hitler am 20. Juli 1944 mussten wir an einer Großkundgebung auf den Elbwiesen teilnehmen. Hauptredner war Gauleiter Martin Mutschmann. Erschreckend waren für mich diese Durchhalteparolen angesichts der nahen Niederlage. Kurz vor Kriegsende stand meine Musterung zum Volkssturm an. Die Nazis wollten mit uns Halbwüchsigen den Krieg noch gewinnen. Auf einer Pinnwand hatte ich mit

Wollfäden die Russlandfront abgesteckt, die dann immer näher rückte.

Natürlich bemerkten wir, dass die Juden diskriminiert wurden, dass sie langsam aus dem öffentlichen Leben verschwanden. Auch unsere jüdischen Nachbarn waren irgendwann nicht mehr da. Diese gefährliche Stimmung und Atmosphäre der Unterdrückung spürte ich als Kind. Dennoch lebten wir in einem idyllischen Umfeld, bis in einer einzigen Nacht, am 13. Februar 1945, Dresden zerstört wurde. Wir, meine Mutter und ihre drei Kinder, überlebten. Aber es war ein traumatisches Erlebnis, dass mich nie mehr losließ.

Noch heute sehe ich die Bilder vor mir: Meine Mutter völlig aufgelöst, die Geschwister in Panik, das Warten im Keller, unser eingestürztes Haus, die brennende Stadt. Das geordnete Leben war vorbei. Musste man gestern noch Strafe fürs Schwarzfahren in der Straßenbahn zahlen, so lagen am Tag danach Tausende von Toten vor dem Trambahnhof. Sie wurden am Altmarkt verbrannt. Meine Welt brach zusammen. Wir wurden Flüchtlinge, flohen nach Bayern, wo wir am Tegernsee unterkamen. In den letzten Kriegstagen brach alle staatliche Ordnung zusammen, es waren Tage des Improvisierens, des Überlebens, des Hungers. Die amerikanischen Truppen befreiten uns. Es folgte eine Zeit der Besinnung, des Nachdenkens über die Zukunft. Mein Vater blieb im Krieg. Ich war zwölf.

Ich fand einen väterlichen Freund, einen Mentor, den Privatgelehrten und Historiker Adolf

Grote. Er kam aus der Widerstandsbewegung und führte mich an Kunst und Literatur heran, zum Beispiel an Thomas Mann, an die Lyriker Stefan George, Rainer Maria Rilke und Hugo von Hofmannsthal, aber auch an Politik und Volkswirtschaft. Wir standen in Kontakt mit dem bedeutenden liberalen Nationalökonomen Wilhelm Röpke in Genf. Thomas Mann war mir damals nicht nur durch seine Literatur, sondern auch aufgrund seiner politischen Reden ein wichtiger Wegbegleiter. Grote lehrte mich Philosophie, Geschichte und öffnete mir die Augen über die Nazizeit. An manchen Tagen war die Scham über die deutsche Schuld so überwältigend, dass ich wünschte, kein Deutscher zu sein. Es kam anders. Unter Grotes Einfluss wurde aus Wut bald kämpferische Leidenschaft für die Freiheit. Eine Verbrecherbande hatte die Welt in Brand gesteckt – ich fühlte mich aufgefordert, mitzuwirken, damit sich solch eine Katastrophe nicht wiederholte.

Das war nicht so einfach. Die alten Nazis waren noch unter uns, auch in meiner Schule. Sie wehrten sich dagegen, der Wahrheit ins Auge zu sehen, ihre Schuld einzugestehen und die Verantwortlichen zu benennen. So habe ich mich bereits sehr früh politisch engagiert, war als Student von 1954 an in der Jugendorganisation der FDP. Dass dieses Engagement ein ganzes Leben lang anhalten würde, konnte ich mir damals nicht vorstellen.

Wir kämpften zunächst um die Erneuerung der FDP, die sich noch stark im nationalen Fahrwasser befand und eine Menge ehemaliger Nazis beheimatete. Wir wollten wissen, was in der Nazidiktatur passiert ist, und ob die Täter zur Verantwortung gezogen werden. Wir waren Teil des Aufbruchs der sogenannten 68er-Bewegung, wenngleich uns die Radikalität der Linken fremd blieb. Ich war als Bundesvorsitzender des FDP-Jugendverbandes »Deutsche Jungdemokraten« mittendrin im Geschehen, mit vielen nächtelangen Diskussionen und zahlreichen Demonstrationen. Wir waren Reformliberale. Wir wollten in erster Linie unsere Partei verändern und dadurch auch das Land.

Unser Ziel war es, dass das Grundgesetz mit Leben erfüllt wird. Das hieß: Bildung für alle, Emanzipation der Frauen, Leben im Einklang mit der Natur, Strafrechtsreform, Hochschulreform und Toleranz gegenüber Minderheiten. Darüber hinaus kritisierten wir die freiheitsfeindlichen Auswüchse des Kapitalismus, ohne die Freiheit der Wirtschaft infrage zu stellen. Wir forderten eine gerechtere Verteilung des Vermögenszuwachses.

Wir protestierten gegen die sogenannten Notstandsgesetze, durch die wir Verfassungsrechte eingeschränkt sahen, und gegen den ungerechtfertigten und unmenschlichen Krieg der USA in Vietnam. Damals, in den Sechzigerjahren, traten wir für eine neue Ostpolitik ein. Wir wollten den Kalten Krieg beenden und eine Politik der Entspannung einleiten. Wir wollten nicht hinnehmen, dass die beiden deutschen Staaten in der Völkergemeinschaft fehlten.

Mit dieser heftig umstrittenen Politik, in deren Mittelpunkt die Anerkennung der Nachkriegsgrenzen stand, vor allem der Grenze zu Polen, wurde der Grundstein für die Wiedervereinigung und die Befreiung Osteuropas gelegt. Uns schwebte ein vereintes Europa mit offenen Grenzen für Waren und Personen vor, eine Wertegemeinschaft der Demokratien. Wir wollten Teil des freien Westens sein, auf Atomwaffen verzichten und die Abrüstung vorantreiben.

Wir hatten viele Kämpfe auszufechten. Aber unsere politische Arbeit führte auch zu Erfolgen. Wir hatten geradezu Freude daran, FDP-Parteitage aufzumischen. In der sozialliberalen Koalition unter den Bundeskanzlern Willy Brandt und Helmut Schmidt konnten wir eine Menge von dem durchsetzen, was wir uns erarbeitet und was wir gefordert hatten. Krönung war das konsequent an der »Aufklärung« orientierte Programm eines sozialen Liberalismus, das sogenannte Freiburger Programm von 1971, das die Demokratie in allen Lebensbereichen durchsetzen wollte. »Im Zweifel für die Freiheit« – das war die Losung. Es beinhaltete auch das erste Umweltprogramm einer deutschen Partei. Es waren Liberale, die bis 1982 dreizehn Jahre lang den Posten des Umweltministers besetzten. Ich war der Letzte in der Reihe. Wir haben den Grundstein gelegt für alles, was später kam, aber das Thema wurde dann von der FDP verschenkt. Das war ein zusätzlicher Impuls für den Aufstieg der Grünen.

Der Einsatz für die Freiheit ist mitunter anstrengend. Ich war einer der umstrittensten Innenminister der Republik. Wiederholt hat die damalige CDU/CSU-Opposition meinen Rücktritt gefordert. Etwa als ich den sogenannten Radikalenerlass abgeschafft hatte, der zur Bespitzelung großer Teile der politisch engagierten Jugend durch den Verfassungsschutz geführt hatte. Oder nach meinem öffentlichen Streitgespräch mit dem RAF-Ideologen Horst Mahler, durch das ich der Sympathisanten-Szene den Irrweg der gewalttätigen RAF-Terroristen vor Augen führen wollte. Mahler hatte sich zu diesem Zeitpunkt schon vom Terrorismus losgesagt. Der Linksterrorismus war ein deutsches Phänomen, weil er durch einen spezifischen moralischen Rigorismus gespeist war, der den Deutschen in ihrer Geschichte nicht fremd war. Die Täter wollten anders sein als ihre Naziväter. In einer manischen Schuldabwehr gegenüber diesen verhielten sie sich letztlich nicht anders. Sie wurden im Lauf der Zeit, wie einer von ihnen gesagt hat, zur »bewaffneten Selbsterfahrungsgruppe«. Der Journalist Willi Winkler stellte fest: »Der Sinn der Organisation RAF war ihr Scheitern.« Einige Terroristen waren nach langer Haft immerhin zur Reue bereit. Ihre Verschwiegenheit jedoch schützt bis heute die noch nicht bekannten oder noch nicht gefassten Täter der dritten Generation.

Als Erfahrung bleibt die Verführbarkeit der breiten Öffentlichkeit – der Ruf nach der Todesstrafe fand damals in den Umfragen eine Mehrheit –, und dass solche Bedrohungen parteipolitisch instrumentalisiert werden. Die oppositionelle Union versuchte SPD und FDP die Verantwortung für den RAF-Terror in die Schuhe zu schieben.

Es ist nicht einfach, für Freiheit einzutreten, wenn die politischen Gegner Angst für ihre Zwecke einsetzen und Scheinlösungen präsentieren. In der liberalen Öffentlichkeit hatte ich aber wichtige Unterstützer. So sagte nach meinem erzwungenen Abgang 1982 Heinrich Böll über mich: »Der beste Innenminister, den wir je hatten.« Diese Worte taten mir damals gut.

Ich war maßgeblich an der Erarbeitung des ersten Bundesdatenschutzgesetzes beteiligt und engagierte Datenschützer. Es entstand ein Spannungsverhältnis: Ich war ja gleichzeitig Chef von drei Sicherheitsbehörden. In den Augen der Sicherheitsfanatiker galt: »Datenschutz ist Täterschutz.« Ich war in ihren Augen ein »Sicherheitsrisiko«. Ich bin, so meine ich, beiden Aufgaben gerecht geworden. Immer noch wird der unsinnige Vorwurf erhoben, Datenschutz stünde Fahndungserfolgen im Weg. Man muss sich eben an die Verfassung halten.

Innere Sicherheit ist kein Selbstzweck. Sie muss immer auf die Freiheit bezogen sein. Wenn der Staat diese einschränkt, muss er das genau begründen. Es ging mir nie um Täterschutz, sondern immer um Bürgerschutz – also um den Schutz gänzlich unverdächtiger Staatsbürger. Beim Kampf gegen den RAF-Terror, eine kleine

Gruppe von Gewalttätern, kam es zu öffentlicher und staatlicher Überreaktion. Ich habe als Innenminister eine liberale Gegenbewegung maßgeblich mit in Gang gesetzt, die den Übereifer der Sicherheitsorgane bremste. Mich interessierten damals die Ursachen für solche Fehlentwicklungen in unserer Gesellschaft. Diese haben wir sozialwissenschaftlich erforschen lassen, um wirksam präventiv tätig werden zu können. Rechtsextremistische Gewalt, Antisemitismus, Rassismus und Fremdenfeindlichkeit: alles beginnt im Kopf!

Nach 22 Jahren im Bundestag und zehn Jahren in der Bundesregierung, erst als Parlamentarischer Staatssekretär, dann als Minister, wandte meine Partei sich von mir ab. Nach der Wende von 1982 – als die FDP gegen meinen und den Willen vieler meiner Freunde die sozialliberale Koalition verließ – schwand mein politischer Einfluss. Ich konzentrierte mich auf meine Anwaltstätigkeit, beriet osteuropäische Fluggesellschaften und kümmerte mich um Opfer von Flugzeugunglücken – aber auch um die osteuropäischen Zwangsarbeiter, die ihre Rechte gegenüber der Bundesregierung spät – aber für viele noch rechtzeitig – einforderten. Mein Ruf als »Opferanwalt« führte mich später mit meinem Freund Julius Reiter zu vielen weiteren Katastrophenfällen – zuletzt vertraten wir gemeinsam die Loveparade-Opfer von Duisburg.

Dazu erschloss ich mir ein weiteres Feld: die weltweiten Menschenrechtsverletzungen. Als

Leiter der deutschen Delegation in der zentralen Menschenrechtskommission der Vereinten Nationen reiste ich in internationale Krisengebiete. Zusammengenommen war ich etwa drei Monate im Jahr unterwegs. Ich traf mich mit Freiheitskämpfern und ihren Widersachern. Freiheitskämpfer gibt es überall auf der Welt, in jedem unterdrückten Land. Es hat mich zu tiefst befriedigt, sie zu ermutigen, ihnen das Bewusstsein zu vermitteln, dass wir sie und ihren risikoreichen Einsatz für die Freiheit wahrnehmen – wir, die wir das große Glück haben, in Freiheit zu leben. Wiederholt habe ich ihre Situation vor der UNO-Vollversammlung zur Sprache gebracht und Resolutionen erarbeitet, die ihren Schutz gewährleisten sollten. Menschenrechte müssen Teil unserer auswärtigen Beziehungen sein. Da dürfen wir nicht schweigen. Sie sind Teil der Internationalen Beziehungen, die auch zu Diktaturen bestehen und genutzt werden müssen.

Mut zur Freiheit zu haben ist in unserem Land kein Risiko – sieht man von Hass-Shitstorms im Internet und von Hasstaten in den Fällen politisch motivierter Gewalt ab. Wir haben keine politisch motivierte Justiz, die Freiheitskämpfer hinter Gitter bringt, wie in der Türkei oder in Belarus. Wir leben in einem sicheren Staat, um den uns viele in der Welt beneiden.

Und dennoch: Unsere Freiheit ist gefährdet durch unkontrollierbare globale Entwicklungen, ökonomischer und politischer Art sowie infolge gesellschaftlicher Verwerfungen. In einer Zeitenwende, die nicht nur durch die Pandemie herbeigeführt wird, sondern durch Digitalisierung und Globalisierung und durch unberechenbare Regierende, die Demokratien ins Wanken bringen. Mich, der ich den Freiheitsweg dieser Republik ein Stück weit mitgegangen bin, erfüllen diese Entwicklungen mit großer Sorge. Angst vor der Zukunft greift um sich, Angst vorm Fortschritt, Angst vor der Freiheit. Doch Angst ist ein schlechter Ratgeber, das hat die Geschichte immer wieder gezeigt.

Dieses Buch will Mut machen. Wir können uns mit dem Kraftpotential der Demoktratie behaupten. Dazu möchte ich vor allem die Jüngeren motivieren, sie ein wenig »anzünden«. Dabei müssen auch Kunst und Kultur eine Rolle spielen, mit denen der Mensch sich seiner kreativen Fähigkeiten bewusst wird und zu einer selbstbestimmten Persönlichkeit reift. Lebenslang war ich auch leidenschaftlicher Kulturpolitiker.

Dies sind keine Memoiren im eigentlichen Sinne. Ich möchte mich nicht nur erinnern, sondern weitergeben, was mich mein Leben gelehrt hat: Unser Leben in Freiheit ist nicht selbstverständlich. Es muss von jeder Generation aufs Neue verteidigt werden. Gerade jetzt, wo es Bedrohungen ausgesetzt ist, wie ich sie in dieser Ballung noch nicht erlebt habe.

1
ZEITENWENDE

DIE WELT IST AUS DEN FUGEN GERATEN

Wir leben in stürmischen Zeiten. Die Hoffnung auf ein Zeitalter des Friedens und der Freiheit, wie es nach dem Zusammenbruch der Sowjetunion 1990 in der Charta von Paris von den KSZE-Staaten des Westens und des Ostens bekräftigt wurde, ist nicht aufgegangen. Weder hat sich eine neue Friedensordnung entwickelt, noch haben Demokratie und Liberalismus weltweit stärker Fuß gefasst. Das »Ende der Geschichte«, wie es der amerikanische Politikwissenschaftler Francis Fukuyama prophezeite, gab es nicht. Das Morden ging weiter.

Die Welt ist aus den Fugen geraten. Kriege, massive Menschenrechtsverletzungen, Flüchtlingsströme, Wirtschaftskrisen und Klima- und Umweltkatastrophen beherrschen die Nachrichten. Autoritäre Strukturen greifen um sich. Demokratie, Freiheit, Offenheit und Toleranz geraten weltweit in die Defensive. Die Menschen zweifeln an der Handlungsfähigkeit und Handlungswilligkeit der Politik. Politik und Macht driften auseinander.

Die Welt verändert sich tiefgreifender als durch die Industrialisierung des 19. Jahrhunderts. Viele Probleme entstehen außerhalb unserer Landesgrenzen. Sie können nicht mehr durch unsere eigenen politischen Entscheidungen im Zaum gehalten werden. Fremde Kräfte bestimmen uns, übermächtige Gefahren wie der Klimawandel bedrohen die Welt. Kein Wunder also, dass die Zukunft für eine wachsende Zahl von Menschen angstbesetzt ist. Sie fühlen sich ausgeliefert, finden keine Orientierung. Das Vertrauen in den Fortschritt wird schwächer.

Die Corona-Pandemie hat das Bewusstsein, dass wir nicht mehr beherrschbaren Entwicklungen ausgesetzt sind, noch weiter verstärkt. Es ist eine Krise, die den ganzen Globus in Atem hält. Sie bringt nicht nur Tod, Leid und wirtschaftliche Verwerfungen, sondern ein Aufblühen von Verschwörungsmythen und Demokratieverachtung mit sich. Wir müssen tiefgreifende Einschnitte in unsere persönliche Freiheit hinnehmen. Mehr noch: Wir müssen erkennen, dass das Maß unserer Freiheit in der Pandemie an die Solidarität und Vernunft aller geknüpft ist. Es ist eine »Weltschicksalsgemeinschaft« (Peter Sloterdijk) entstanden.

Und wir fragen uns: Was wird danach – und wann ist das »Danach«? Fest steht schon jetzt: Es wird Corona-Verlierer geben – und Corona-Gewinner. Ein Prozess des Nachdenkens hat begonnen. Wie wird die Gesellschaft beschaffen sein müssen, in der wir morgen in Freiheit leben können?

DEUTSCHLAND UND DIE WELT

Weltpolitisch ist viel in Bewegung geraten. China ist auf dem Wege zu einer aggressiven Weltmacht. Nach außen kauft sich dieser Staat Einfluss und Macht. Seine Aggressivität gefährdet schon jetzt den Frieden im asiatischen Raum.

Die USA, jahrzehntelang unser verlässlichster Partner, werden nun endlich ihre Führungsrolle in der freien Welt wieder wahrnehmen. Der neue Präsident Joe Biden wird versuchen, das Land wieder zusammenzuführen und die Spaltung zu mindern. Über Trump ist alles gesagt. Seine Außenpolitik nach Gutsherrenart, seine Missachtung der multilateralen Weltordnung haben viel Schaden angerichtet, sein brachiales, spaltendes Auftreten hat leider auch Schule gemacht. Überall treten kleine Trumps auf den Plan – nicht nur weit weg wie in Brasilien, auch in einigen europäischen Staaten wie Polen und Ungarn. Es sind Politiker, die bewusst das Recht brechen und damit ihren Ländern Schaden zufügen – und sie werden gewählt. Das ist das Verstörende.

Mit Sorge blicken wir auch ins Russland unter Putin, das in wachsende Unterdrückung und Armut abrutscht und innenpolitische Zustimmung mit außenpolitischer Kraftmeierei zu erreichen sucht. Der Vertrauensverlust der Herrschenden ist unübersehbar. Sie haben Angst vor ihrem eigenen Volk. Russland verliert zudem seine ökonomische Zukunftsfähigkeit. Wer investiert dort noch? Russland stiftet auch außenpolitisch Unfrieden. Seit über einem Jahrzehnt lähmen Vetos von Russland und China den Sicherheitsrat der Vereinten Nationen, einen Beitrag zum Frieden in Syrien herbeizuführen, noch nicht einmal humanitäre Hilfe wurde in notwendigem Umfang zugelassen. Diese beiden Blockierer sind verantwortlich für ein Massensterben der Zivilbevölkerung und für eine riesige Fluchtbewegung.

Die Folge dieser vielen Spannungsfelder: Weltweit steigen wieder die Militärausgaben. Der Verzicht auf Mittelstreckenraketen – 1988 wurde er als Meilenstein gefeiert – droht zu kippen. Nicht Abrüstung steht auf der Tagesordnung, vielmehr droht ein neues weltweites Wettrüsten.

In dieser unberechenbaren Gemengelage muss Deutschland seine Interessen wahren. Dazu brauchen wir ein starkes Europa. Die Europäische Union, dieses wunderbare Jahrhundertprojekt, war lange in einem Prozess der Selbstverzwergung. Jetzt gewinnt sie neue Kraft. Sie hat in Sachen Brexit das Schlimmste verhindert – und zur Bekämpfung der Pandemie ein großes finanzielles Hilfspaket auf den Weg gebracht. Bei der Impfstoffbeschaffung blieb man leider unter den Möglichkeiten.

GEFÄHRDUNGEN FÜR DIE BÜRGERLICHE FREIHEIT

Viel ist die Rede vom Internet als unverzichtbarer Fortschrittsmotor. Doch seine gefährliche, dunkle Seite wird kaum politisch diskutiert. Es wächst, wie Jürgen Habermas analysiert, eine ökonomisch und digital zusammenwachsende Weltgesellschaft heran, während die einzelnen Gesellschaften an integrativer Kraft verlieren. Verstöße gegen den Datenschutz mindern Menschenwürde und Selbstbestimmung. Mächtige Digitalkonzerne manipulieren unsere Gesellschaft. Geheimdienste, aber auch Facebook, YouTube, Google und Co. kennen keine Grenzen in ihrer Datensammelwut. Es sind Kartelle mit schier grenzenloser Marktmacht. Das »Internet der Dinge«, eine global funktionierende Infrastruktur miteinander vernetzter Geräte in Alltag und Beruf, ein »smartes Umfeld« sind längst Realität und werfen die Frage auf: Wie wollen wir künftig leben – als selbstbestimmte, souveräne Bürger oder als Untertanen einer smarten Diktatur?

Die Politik in Deutschland hat bisher nicht genug unternommen, um die Bürger hinreichend vor privaten und staatlichen Datenmächten zu schützen. Seit dem Zusammenbruch der Finanzmärkte im Jahr 2008 hat die Politik nur noch den Schaden begrenzen können. Das Vertrauen in die Gestaltungsfähigkeit der Politik hat drastisch abgenommen.

In diesem Zusammenhang darf die Situation der abstiegsgefährdeten Mittelschichten nicht unterschätzt werden. Abstiegsängste, ob berechtigt oder nicht, verbreiten sich. Es gibt für Populismus und Extremismus unübersehbare Signale auch in unserem Land: Das Demoskopische Institut Allensbach hat durch kontinuierliche Untersuchungen über Jahre hinweg nicht nur eine Parteienkritik festgestellt, sondern eine wachsende Politikerverachtung. Eine Mehrheit der Befragten ist der Meinung, die Politiker streben nur nach ihrem eigenen Wohl und leisten keinen Dienst am Gemeinwohl. Ein schrecklicher Befund! Zu tun hat das auch mit unseren Parteien. Sie befassen sich zu viel mit sich selbst. Die repräsentative Demokratie befindet sich in einer Legitimationskrise. Dabei war sie es, die uns jahrzehntelang Frieden, Wohlstand und Freiheit gebracht hat.

Zugrunde liegt all diesen Rissen und Bruchstellen ein Wirtschaften, dass sich nicht selten vom Allgemeinwohl entfernt. Wir müssen uns sorgen um den Zusammenhalt in unserer Gesellschaft, wenn die Zuwächse nicht bei allen ankommen. Freie Märkte sind unverzichtbar, aber sie sind nicht alles. Ohne Zügel führen sie oft zu Exzessen. Der Raubtierkapitalismus, von dem Helmut Schmidt so gerne sprach, ist nur zu lebendig: Automobilkonzerne, die die Käufer täuschen; dunkle Finanzgeschäfte zum Schaden des Staates, auch durch angesehene Banken und Anwaltskanzleien; Nutzung von Steueroasen durch große deutsche Firmen; Wirtschaftsführer, die nicht mehr von ethischen Maßstäben, sondern von Gier geleitet werden, die hohe Abfindungen erhalten, selbst wenn sie gescheitert sind. Der Internationale Währungsfonds, unverdächtig jeder linken Ideologie, hat festgestellt, dass die ungebändigten Finanzmärkte mehr Schaden gebracht als Nutzen gestiftet haben.

Nicht zuletzt der Rechtsextremismus. Er ist die derzeit größte Gefährdung unserer demokratischen Grundordnung. Auch jetzt in der Pandemie-Krise mobilisieren die Rechten gegen die geltende Rechtsordnung und versuchen mit falschen Versprechungen die Menschen für sich zu gewinnen.

Es sind nicht nur die hier angeführten Schieflagen, die unsere Demokratie, unsere Bürger- und Menschenrechte, ja unsere Freiheit gefährden – entscheidend ist, dass es sich nicht um einzelne, voneinander losgelöste Phänomene handelt. Sie sind miteinander verbunden, bedingen und verstärken sich gegenseitig. Zusammengenommen ergeben sie eine Zeitenwende, die uns vor große Prüfungen stellt.

2

DIE FREIHEIT, FREI ZU SEIN

WAS ES ZU VERTEIDIGEN GILT

Was bedeutet, frei geboren zu sein, aber nicht frei zu leben?, fragte Hannah Arendt 1967 in ihrer berühmten Rede »Die Freiheit, frei zu sein«. Mit der Geburt eines jeden Menschen sei ein Neuanfang gemacht. Die Freiheitsgeschichte der Menschheit ist für Arendt eine Geschichte der Revolutionen, mit den Hoffnungen auf Freiheit derer, die sie in Bewegung gesetzt haben. Freiheit ist dabei nicht nur die Abwesenheit von Unterdrückung oder Bedrohung, sie ist mehr. Es geht um soziale und kulturelle Rechte. Die Freiheit der persönlichen Entfaltung und Teilhabe, das Recht, Rechte zu haben als »Gleicher unter Gleichen«.

Arendts Denken und ihr Lebensschicksal als deutsche Jüdin sind untrennbar mit dem Holocaust und ihrer Vertreibung verbunden. Ihre philosophische Deutung der Freiheit, die sich an den Menschenrechten orientiert, hat für mich bis heute Bestand, wenn wir darüber nachdenken, was es eigentlich zu verteidigen gilt gegen die Demokratieverächter, Brandstifter und Freiheitsfeinde.

Wir Deutschen haben unsere Freiheit nicht selbst erstritten. Wir mussten befreit werden vom Irrweg des Nationalsozialismus – nach einer totalen moralischen und militärischen Niederlage. Heute leben wir in einer weitgehend geglückten Demokratie. Unser Land wird, trotz aller inneren Probleme und Herausforderungen, als Trutzburg und Hafen in einer Welt voller Krisen und Kriege angesehen. Darauf können wir stolz sein. Es war ein langer Weg dorthin. Aufgrund unserer besonderen Geschichte erwächst uns aber auch eine besondere Verantwortung.

Am Tegernsee, wohin meine Familie und ich nach der Dresdner Feuernacht geflohen waren, erlebte ich 1945 als Zwölfjähriger den Einmarsch der amerikanischen Truppen. Wir waren voller Angst und Sorge, als die Panzer über die Uferstraße fuhren und die Infanterie einmarschierte. In der amerikanischen Zone, in der wir dann lebten, hatten wir jedoch großes Glück. Es ging uns besser als den Menschen im französischen oder britischen Sektor, vom russischen ganz zu schweigen. Die amerikanischen Besatzer sannen nicht auf Rache, sondern vermittelten uns die Werte der Demokratie und waren gewillt, uns wieder in den Kreis der zivilisierten Welt aufzunehmen. Eine erstaunliche Reaktion, bedenkt man die Schwere deutscher Schuld.

Die Neue Zeitung, die ersten Exemplare der *Süddeutschen Zeitung* – das ganze geistige Klima in Bayern wurde sehr stark von diesen Werten bestimmt. Der Kontrast zum Klima der Angst und der Unfreiheit im Nationalsozialismus hätte nicht größer sein können. Und doch: Die Menschen mussten erst wieder lernen, selbstbestimmt, in eigener politischer Verantwortung zu leben.

LEHREN AUS DER BARBAREI: DAS RINGEN UM DAS GRUNDGESETZ

Um das Grundgesetz gab es damals, in den Nachkriegswirren, keine große öffentliche Diskussion. Das Volk hatte andere Sorgen. Es galt die Trümmer wegzuschaffen, die der Krieg hinterlassen hatte, den Hunger zu stillen, die Scham und die Sprachlosigkeit zu überwinden, die Hitlers Regime und seine Gräuel ausgelöst haben. Das Grundgesetz stand auch nicht zur Abstimmung. Wohl aus gutem Grund, denn den Menschen war die Demokratie damals suspekt bis egal, sie nahmen sie zunächst als aufoktroyiert wahr, als Diktat der Siegermächte. Politiker in Gestalt des Parlamentarischen Rats haben das, angestoßen von den Westmächten, unter sich ausgemacht – mitunter in heftigen Debatten über den Geist des neuen Staatswesens und darüber, welche Lehren aus dem Scheitern der Weimarer Republik zu ziehen seien, vor allem aber aus der Katastrophe des Nationalsozialismus.

Großen Respekt habe ich noch heute vor den vier Frauen in diesem Rat aus 61 Männern, vor allem vor der Sozialdemokratin Elisabeth Selbert. Sie hatte darauf bestanden, die Gleichheit zwischen Mann und Frau festzuschreiben. Da müssen wir ja das ganze BGB ändern, hielt ihr Thomas Dehler entgegen. Ihre Antwort: Na und? Nach langen Verhandlungen ist es dann durchgesetzt worden, später auch die dringend notwendigen Veränderungen in den anderen Gesetzen. Wirklich frei ist eben erst, wer als Gleicher unter Gleichen am öffentlichen politischen Leben teilnehmen kann, wie Hannah Arendt es später so treffend formulierte.

Die Verfassung, die am 24. Mai 1949 in Kraft trat, war zunächst als Provisorium gedacht, weil man wusste, dass eine Staatsgründung im Westen die sich abzeichnende Teilung Deutschlands in West und Ost bestärken würde. Doch nur eine Woche später formierte sich der Staat der DDR mit einer eigenen, sozialistisch geprägten Verfassung und schuf Fakten, die Jahrzehnte überdauern sollten. Erst mit der Deutschen Einheit 1990 sollte aus dem vermeintlichen Provisorium ein gesamtdeutsches Definitivum werden.

Das Grundgesetz war ein Segen für die Bundesrepublik. Geboren aus den bitteren Erfahrungen der Nazibarbarei, führte es Deutschland nicht nur wieder in die liberale Verfassungstradition der Aufklärung zurück, also zu den freiheitlichen Ideen von John Locke, Immanuel Kant,

John Stuart Mill und Voltaire, sondern rückte die politische Selbstbestimmung in den Vordergrund. Das Grundgesetz war sehr viel kräftiger auf die Demokratie hin orientiert als die Weimarer Reichsverfassung. Was Revolutionen in Deutschland nicht geschafft haben, hat das Grundgesetz geschafft: die konsequente Abkehr vom Obrigkeitsstaat hin zu einer wehrhaften Demokratie mit Gewaltenteilung, Rechtsstaatlichkeit und unverbrüchlichen, einklagbaren Individualrechten.

Für die Amerikaner ist die individuelle Freiheit wichtigster Bezugspunkt in ihrer Verfassung. Unser Grundgesetz mit seinem sittlichen Prinzip der Menschenwürde ging noch ein Stück weiter und nahm den Staat in die Pflicht, und zwar schon im ersten Artikel: »Die Würde des Menschen ist unantastbar. Sie zu achten und zu schützen ist Verpflichtung aller staatlichen Gewalt.« Der Staat sollte fortan dem Wohl der Bürgerinnen und Bürger dienen, nicht umgekehrt. Auch die erste Verfassung der DDR trug demokratische Züge, doch der Einfluss der Sowjetunion nahm stetig zu. Das Bekenntnis zu Bürgerrechten und demokratischer Teilhabe spiegelte sich nie in der Realität wider.

Das »Nie wieder!« schwang in allen Zeilen des Grundgesetzes mit. Es sollte gefeit sein gegen autoritäre Angriffe und wieder stabile Verhältnisse herstellen. Gleichwohl wussten die Verfassungsgeber, dass sich keine Verfassung vom Geist ihrer Zeit lösen kann, dass sie von der

Zeit formbar bleiben muss. Das Bundesverfassungsgericht (BVerfG) hat das Grundgesetz zum Leben erweckt, es in vielen Entscheidungen zum Sprechen gebracht und fortentwickelt sowie den Staat bei Grundrechtsverletzungen in die Schranken gewiesen.

Wir Deutschen mussten lernen, dass es mitunter unangenehm ist, die Verfassung zu leben. Die Demonstrationsfreiheit greift in das öffentliche Leben ein. Es ist schwer zu akzeptieren, dass auch Verfassungsfeinde Versammlungsfreiheit und Meinungsfreiheit genießen. Religionsfreiheit verlangt den Menschen Respekt vor anderen Religionsgemeinschaften ab, zum Beispiel vor dem Islam. Gerade in Krisensituationen muss sich unsere Verfassung bewähren, und Freiheit ist immer mit Risiken verbunden.

Thomas Manns Nachkriegsroman *Doktor Faustus* hat mich als zwanzigjähriger Abiturient aufgewühlt. Mann unternimmt darin eine Analyse der Wurzeln des deutschen Verhängnisses, eine Analyse der Gründe, die diese Abkehr von der gesitteten Welt eingeleitet haben. Nicht die politischen oder ökonomischen Gründe interessieren ihn. Er beschreibt die kulturgeschichtlichen Entwicklungen und die besondere Mentalität der Deutschen, die auch in der Musikkultur zu finden ist, anhand des Schicksals eines genialen Musikers. Es waren eben nicht Barbaren, die den Pakt mit dem Teufel eingegangen waren und die Welt in Schutt und Asche gelegt haben, sondern auch die Kulturnation. Da steckt etwas drin in der deutschen Geschichte und Mentalität. Die Nazis sind nicht vom Himmel gefallen.

Was ist deutsch? Ich lese dazu immer wieder Manns berühmten Rede »Deutschland und die Deutschen«, gehalten 1945 in der Library of Congress in Washington: »Der deutsche Freiheitsbegriff«, so schreibt er, »war immer nur nach außen gerichtet; er meinte das Recht, deutsch zu sein und nichts anderes … Er war ein protestierender Begriff selbstzentrierter Abwehr gegen alles, was den völkischen Egoismus bedingen und einschränken, ihn zähmen und zum Dienst an der Gemeinschaft, zum Menschheitsdienst anhalten wollte.« Thomas Mann kritisierte einen »vertrotzten Individualismus« im Verhältnis zur Welt und im Inneren ein »befremdendes Maß von Unfreiheit, Unmündigkeit, dumpfer Untertänigkeit und Knechtssinn«. Warum musste der deutsche Freiheitsdrang auf innere Unfreiheit hinauslaufen?, fragte er und gab die Antwort: »Der Grund ist, dass Deutschland nie eine Revolution gehabt und gelernt hat, den Begriff der Nation mit dem der Freiheit zu verbinden.«

Als ich *Doktor Faustus* damals las, schrieb ich Thomas Mann einen Brief und fragte skeptisch, ob wir je zu dem »wahren, dem hochgeistig-humanen Deutschland zurückfinden« könnten. Er gab mir eine ermutigende Antwort. Heute kann ich feststellen, dass die damalige Analyse nicht mehr zutrifft. Wir Deutschen haben uns geändert – beängstigenderweise aber leider nicht alle, wie ich noch beschreiben werde. Wachsamkeit ist notwendig. Wir müssen uns immer wieder aufs Neue fragen: Was ist deutsch?

»Wir können wieder zu Bestien werden«, mahnte der Philosoph und Verhaltensforscher Karl Popper. »Aber wenn wir Menschen bleiben wollen, dann gibt es nur einen Weg, den Weg in die offene Gesellschaft. Wir müssen ins Unbekannte … weiterschreiten und die Vernunft, die uns gegeben ist, verwenden, um, so gut wir es eben können, für beides zu planen: nicht nur für die Sicherheit, sondern zugleich auch für die Freiheit.«

Sicherheit, so Popper, sei Aufgabe politischer und gesellschaftlicher Gestaltung, sie dürfe aber nie absolut gesetzt werden, sondern sei variabel – ein Wert, der immer wieder neu verhandelt werden muss. Wie schmerzhaft das manchmal sein kann, sehen wir jetzt in der Pandemie, wo wir zwischen Sicherheit und Freiheit abwägen müssen, wo besondere Umstände empfindliche Einschnitte in die Freiheit notwendig machen, um Tod und Leid zu verhindern.

Freiheit zu leben ist ein andauernder Prozess, der nie zu einem Ende kommt. Auch die junge Bundesrepublik hatte viele Kämpfe zu führen. Nur ein Beispiel: Die Pressefreiheit und der Informantenschutz wurden erst nach dem Staatseingriff der *Spiegel*-Affäre 1962 maßgeblich verstärkt. Die Meinungsfreiheit war damals wirklich bedroht. Fünf FDP-Minister aus der Adenauer-

Regierung traten aus Protest gegen die willkürliche Verhaftung von Journalisten zurück. Wolfgang Döring, stellvertretender Bundesvorsitzender der FDP, hielt eine beeindruckende Rede im Bundestag. Dadurch wuchs der Druck auf die Regierung, den verantwortlichen Verteidigungsminister Franz Josef Strauß zu entlassen.

FREIHEITLICHE REVOLUTION: DIE WIEDERVEREINIGUNG

Die Wiedervereinigung 1990 war ein Glücksfall in unserer Geschichte. Es stand nur ein kurzes Zeitfenster offen. Die Regierenden haben die Situation erkannt und sie genutzt. Es gab Kräfte in Moskau, die die Entwicklung mit großer Skepsis verfolgten, insbesondere die Aufnahme des wiedervereinigten Deutschland in die NATO. Sie standen auf dem Sprung, die Entwicklung zu blockieren.

Die Entscheidungen hatten einen Vorlauf. Einmal die strikte Westbindung, beginnend mit Adenauer, und dann vor allem die neue Deutschland- und Ostpolitik der sozialliberalen Koalition mit Willy Brandt und Walter Scheel ab 1969. Sie polarisierte unsere Gesellschaft. Aber sie bedeutete vor allem Entspannung, Ende des Kalten Krieges, Aufnahme beider deutscher Staaten in die UNO im Jahr 1973. Die Oder-Neiße-Grenze wurde als Westgrenze Polens anerkannt. Erst der Verzicht auf jede Art von Revanchismus schaffte das Vertrauen, das eine weitere Annäherung zwischen West und Ost möglich machte. Neben Bundeskanzler Helmut Kohl ist Außenminister Hans-Dietrich Genscher zu nennen. Er hat den eigentlichen Friedensvertrag, den »2-plus-4-Vertrag«, im Jahr 1989 ausverhandelt, der die Einheit schließlich möglich machte.

Ein Meilenstein beim Prozess der Annäherung war die Helsinki-Konferenz von 1975. Ost und West, von Vancouver bis Wladiwostok, verpflichteten sich unter anderem zur Sicherung des Friedens und zum Ausbau der Wirtschaftsbeziehungen. Ganz entscheidend aber war die Verpflichtung zur Wahrung der Menschenrechte und Grundfreiheiten. Von den vereinbarten Menschenrechtsgarantien machten vor allem die mutigen Freiheitskämpfer der Solidarność in Polen Gebrauch. Ohne sie wäre es nicht oder nicht so schnell zum Zusammenbruch der Diktaturen Osteuropas gekommen. Vergessen wir nicht: Nicht nur die Deutschen in der DDR wurden von einem Unrechtsstaat befreit, sondern auch die Osteuropäer, die jahrzehntelang erst durch Hitler, dann durch die Sowjets unterjocht waren.

»Zum ersten Mal in der deutschen Geschichte«, so stellte der damalige Bundespräsident Richard von Weizsäcker bei seiner Rede anlässlich der Einheitsfeierlichkeiten fest, »hat Deutschland seinen dauerhaften Platz im Kreis der westlichen Demokratien gefunden.« Vor Deutschland hatte nun niemand mehr Angst.

Klug, ausgleichend und vermittelnd war und ist seitdem unsere Rolle in Europa und in der Welt. Entscheidend war dabei, dass wir Deutschen Vertrauen gebildet hatten – erst in den Ländern des Westens und dann auch bei den Osteuropäern, vor allem bei den Russen unter Michail Gorbatschow. Die Welt hatte wahrgenommen, dass wir überzeugend ein demokratisches Staatswesen aufgebaut hatten.

Es sind starke Gefühle, die meine Erinnerung an die Ereignisse von 1989 prägen. Die Bürgerrechtsbewegung der DDR, zu der ich vielfältigen Kontakt hatte, hat damals Mut zur Freiheit aufgebracht – es war wohl bisher die einzige Revolution der Deutschen, die erfolgreich war. Die Freiheitsbewegungen von 1848 und 1918 scheiterten letztlich. Es war vor allem eine friedliche Revolution, der Aufstand des Volkes gegen die Unterdrückung. »Wir Deutschen können Freiheit«, das war die Botschaft. Dann erst kam die Einheit.

Wie steht es heute um diese Einheit? Um die Freiheit? Wir im Westen haben vieles unterschätzt. Im täglichen Leben wurde uns weniger abverlangt als den Menschen im Osten. Dort mussten die Menschen, wie Joachim Gauck es formuliert hat, eine jahrzehntelange »Selbstentfremdung« überwinden. Sie mussten lernen, »von der Freiheit nicht nur zu träumen, sondern sie zu gestalten«. Das alles ist gelungen, wenn auch noch so manche Zurückhaltung gegenüber den Werten der Demokratie zu spüren ist. Die Zahl derjenigen, die die Demokratie als beste

Staatsform ansehen, ist in Ostdeutschland bis heute geringer als in Westdeutschland. Auch auf manche Dominanz des Westens hätte besser verzichtet werden sollen. Aber im Ganzen ist die Einheit gewachsen. Die noch offenen Probleme sind lösbar.

FLAGGE ZEIGEN: DIE ROLLE DER INTELLEKTUELLEN

Die Freiheit, frei zu sein, muss man sich immer wieder erkämpfen. Sie braucht mutige Vordenker, die das zum Ausdruck bringen, was viele nur zu denken, aber nicht zu sagen wagen. Zeit meines Lebens haben mir freiheitsbewusste Intellektuelle imponiert, Figuren, die sich nicht schweigend weggeduckt haben. Thomas Mann und Hannah Arendt habe ich schon erwähnt, Albert Camus und Karl Jaspers sind ebenfalls zu nennen. Oder Sebastian Haffner, der nach der Machtergreifung voraussagte, dass Hitler entweder durch ein Attentat oder durch Selbstmord enden würde. Ich denke auch an Intellektuelle, die in einer Diktatur standhielten und Flagge zeigten, so wie Wolf Biermann und Jens Reich in der DDR, Václav Havel in der Tschechoslowakei, Adam Michnik in Polen.

Der Soziologe Ralf Dahrendorf hat 1966 in seinem Buch *Gesellschaft und Demokratie in Deutschland* eine herausragende Untersuchung deutscher Geschichte und damaliger Befindlichkeit vorgelegt. Er hat das Verhältnis der Deutschen zur Freiheit analysiert. Das Buch hatte seinerzeit eine riesige Auflage und erheblichen Einfluss auf die politische Meinungsbildung. Mit seinem letzten Buch *Versuchungen der Unfreiheit. Die Intellektuellen in Zeiten der Prüfung* aus dem Jahr 2006 schließt sich der Kreis. Nicht nur seine Schriften, auch die langjährige politische Zusammenarbeit mit ihm haben mein Freiheitsbewusstsein beeinflusst.

Zeitlebens hat Dahrendorf die Rolle wachsamer und mutiger Intellektueller gewürdigt, die sich nicht verführen ließen, er nennt sie »Erasmier«: Karl Popper, Raymond Aron, Isaiha Berlin zum Beispiel. Sie haben die Freiheit nicht verraten wie heute etwa die Dresdner Intellektuellen rund um das BuchHaus Loschwitz, die nicht die notwendige Distanz zum Rechtsextremismus haben. Dahrendorf beschäftigte sich mit den vielen, die der Unfreiheit des Kommunismus und Faschismus erlegen sind, wie etwa Martin Heidegger mit seiner »Selbstbehauptungsrede«. Als Gegenbeispiel nennt er auch die Genfer Philosophin Jeanne Hersch. »Freiheit macht das Menschsein zu einem Einzigartigen«, schrieb sie. Sie plädiert für »Freiheit *für* soziale Gerechtigkeit« und fügt hinzu, diese sei nicht ohne Freiheit zu haben.

Manche Intellektuelle bezahlen ihren Mut mit dem Leben, wie etwa der Theologe Dietrich Bonhoeffer, einer der Vertreter des Widerstands gegen den Nationalsozialismus.

Aber auch in der Demokratie muss die Freiheit immer wieder gegen Ignoranz und antidemokratische Kräfte verteidigt werden, wie etwa Heinrich Böll in den bedrückenden RAF-Jahren das tat. Es ist wichtig, dass Intellektuelle sich einmischen und nicht abseitsstehen. Durs Grünbein ist exemplarisch zu nennen, der 2018 in Dresden gegen starken Protest öffentlich mit Uwe Tellkamp über dessen raunende Sympathie für rechtes Denken stritt. Es gibt wegweisende Beiträge unter anderem von Soziologen und Philosophen. Gerade heute, da die Menschen Orientierung benötigen, sollten sich »öffentliche Intellektuelle« noch stärker einmischen.

Freiheit und Demokratie sind fragiler, als sie uns erscheinen, das zeigt nicht nur unsere Geschichte, das zeigt auch die gegenwärtige Gesellschaftskrise in den USA, der ältesten Demokratie der Welt. Das zeigt das Aufflammen von Irrationalität und Demokratieverachtung während der Pandemie.

Selbst wir, die wir doch aus der Geschichte gelernt haben sollten, bleiben verführbar. 75 Jahre nach Ende des Nationalsozialismus führen Politiker im Bundestag und in den Landtagen wieder das Wort, die aus ihrer rechtsradikalen, rassistischen Gesinnung keinen Hehl machen. Umso wichtiger ist es, wachsamer zu werden, kämpferischer, wenn es um die Verteidigung unserer Errungenschaften geht.

3

DIE NEUEN BIEDERMÄNNER UND BRANDSTIFTER

DIE AFD: SYSTEMVERÄCHTER IN DEN PARLAMENTEN

Als die NSDAP 1928 in den Reichstag einzog – sie hatte 2,7 Prozent der Stimmen erhalten –, erklärte ihr Chefagitator Joseph Goebbels sinngemäß, seine Partei werde sich nun aus dem Arsenal der Waffen der Demokratie bedienen, um diese mit ihren eigenen Mitteln zu zerstören. Und genau so geschah es – der Plan ging auf. Historiker haben die vielen Gründe längst erforscht, die zur Machtübernahme der Nationalsozialisten führten. Trotzdem fragen wir uns bis heute: Wie war das nur möglich?

Die heutige rechtsextreme Partei Deutschlands, die AfD, bedient sich teilweise ähnlicher Rhetorik. Sie kämpft, im Bundestag sitzend, gegen das »System«. Ihre Funktionäre raunen von der Zeit nach einem Systemwechsel und wie sie »aufzuräumen« gedenken. Man kann das als Verirrung der ewig Unverbesserlichen abtun, die

Geschichte aber zeigt: Man sollte sie besser ernst nehmen. Es handelt sich bei der AfD eben nicht um eine »normale« konservative Partei. Sie hat einen Nazihintergrund. Untersuchungen zeigen: Auch ein großer Teil der Protestwähler teilt die Meinung der Radikalen.

Die AfD wehrt sich gegen den Vorwurf des Rechtsextremismus. Aber auf sie trifft zu, was das Bundesverfassungsgericht im Verbotsverfahren von 2017 im Hinblick auf die NPD unter anderem festgestellt hat: »Sie verfolgt ein rassistisches Konzept der ethnisch exklusiven Volksgemeinschaft, weil sie politische und soziale Rechte auf Menschen beschränken will, die ihrer Ansicht nach deutsch sind. So wollten es auch die Nationalsozialisten.«

Mittlerweile sitzt die AfD in allen Länderparlamenten, 2019 war sie im Osten laut Umfragen zeitweise sogar stärkste Kraft. Das hat es in der Republik bisher nicht gegeben. Die Atmosphäre im Bundestag ist aufgeheizt, immer wieder muss Ausfällen vonseiten der AfD entgegengetreten werden. Nun wird es ihr nicht gelingen, die Demokratie zu zerstören, auch wenn sie den Ungeist des Nazismus wieder aufleben lässt. Dennoch muss ihr Erfolg jeden Demokraten erschrecken. Und sie ist keineswegs am Ende, denn sie verfügt über eine Stammwählerschaft. Wie kann es sein, dass ausgerechnet im Land der Täter heute die dumpfen Brandstifter wieder reüssieren?

Rechtsextremismus und Rechtsterrorismus sind die derzeit größten Gefahren unserer demokratischen Grundordnung. Das sehen auch die Sicherheitsbehörden so. Die extreme Rechte fordert Staat, Gesellschaft, sie fordert uns alle heraus. Auch jetzt in der Pandemie-Krise hetzen die Rechten gegen die geltende Rechtsordnung. Sie nehmen in Anspruch, das Grundgesetz zu verteidigen, dem sie sonst mit Systemverachtung begegnen.

Ich habe mehrfach in meiner Heimatstadt Dresden erlebt, wie grölende Neonazis in Springerstiefeln den Gedenktag an die Zerstörung der Stadt für sich usurpieren wollten. Sie weigerten sich wahrzuhaben, dass die Nazis für die Zerstörung der deutschen Städte verantwortlich waren.

RECHTE BEDROHUNGSALLIANZEN UND DIE VERROHUNG DER MITTELSCHICHTEN

Die extreme Rechte hat das politische Klima im Land verändert. Es besteht kein Anlass, sie mit Hinweis auf den Extremismus von links (auch von diesem geht Gewalt aus) zu verharmlosen und zu relativieren. Die Sicherheitsbehörden sprechen von der »Anschlussfähigkeit rechtsextremer Inhalte an die bürgerliche Mitte«. So etwas gibt es auf der linken Seite nicht. Seit 1945 wird die Gefahr von links kritischer bewertet als die von rechts. Diese Blindheit wurde immer wieder teuer bezahlt, wie das unbegreifliche Versagen der Sicherheitsbehörden bei der Verfolgung der NSU-Morde zeigte. Auch als ich Innenminister war, hatte ich es schwer, für rechte Umtriebe

Gehör zu finden. Natürlich waren die RAF und der Deutsche Herbst eine besondere Herausforderung, aber rechtsextreme Gewalt war nicht minder stark. Den 33 Ermordeten der RAF beispielsweise stehen im Lauf der Jahrzehnte sehr viel mehr Morde mit rechtsradikalem Hintergrund gegenüber. Doch in der öffentlichen Meinung stand im Zweifel der Feind immer erst mal links.

Ich erinnere mich genau an das Oktoberfestattentat 1980. Zehn Tage vor der Bundestagswahl fiel der Kanzlerkandidat der Union, Franz Josef Strauß, über mich her und gab mir eine Mitschuld, weil ich angeblich die Gefahr von links unterschätzt hätte. Der Täter kam, wie man schnell herausfand, aus dem rechtsextremistischen Milieu der sogenannten Wehrsportgruppe Hoffmann. Ich hatte sie erst wenige Monate vor dem Attentat verboten, und Strauß hatte sich noch mit verharmlosenden Worten über dieses Verbot lustig gemacht. Ich rechne es dem bayrischen Innenminister Joachim Herrmann hoch an, dass er jetzt öffentlich erklärt hat, in diesem Punkt hätte ich recht gehabt und Strauß »habe total falschgelegen«.

Längst haben die radikalen Rechten die Institutionen unserer Gesellschaft infiltriert. Sie haben »rechte Bedrohungsallianzen« – so der Titel des aktuellen Buches von Wilhelm Heitmeyer und anderen Verfassern – aufgebaut. Immer wieder werden rechte Netzwerke bei Polizei, Geheimdiensten und Bundeswehr aufgedeckt. Gewaltbereite Rechtsradikale formieren sich in Untergrundorganisationen nach dem Beispiel des NSU und in geheimen Bünden. Sie tauschen sich über geheime Chatgruppen aus. Sie bewaffnen sich. 2019 wurde der Kasseler Regierungspräsident und Christdemokrat Walter Lübcke auf seiner Veranda von einem gerichtsbekannten Neonazi erschossen. Er hatte sich für die Aufnahme von Geflüchteten eingesetzt.

Sogenannte »Identitäre« bezeichnen sich als gewaltfreie Patrioten, vertreten aber islamfeindliche und rechtsextreme Positionen und hängen einem verquasten Europabild der ethnisch homogenen Kulturen an. Die »Reichsbürger«, immerhin laut Verfassungsschutz eine Gruppe von fast 20 000 Personen, lehnen unsere Ordnung rundheraus ab und bestreiten Existenz und Legitimität unseres Staates. Die fremdenfeindlichen Pegida-Demonstrationen sind während der Corona-Pandemie zwar in den Hintergrund getreten, doch das Weltbild, das sich in ihnen artikulierte, ist nicht verschwunden. Es ist von Nationalismus, Rassismus, Fremden- und Islamfeindlichkeit geprägt und gärt weiter, befeuert durch den politischen Kontrollverlust bei der Pandemiebekämpfung. Sympathien für dieses Gedankengut sind nicht nur bei den Wählern der AfD zu finden, sondern reichen bis in die bürgerliche Mitte.

Das Bielefelder Institut für interdisziplinäre Konflikt- und Gewaltforschung untersuchte schon vor der Flüchtlingskrise 2015 in einer auf zehn Jahre angelegten Analyse, wie rechtspopulistische Meinungen in neue Milieus eingedrungen sind.

Mit beunruhigenden Ergebnissen: Es sei eine deutliche Tendenz zu einer »zunehmenden Verrohung« von Teilen der Mittelschichten festzustellen. Im letzten Verfassungsschutzbericht des Landes Baden-Württemberg wird darauf hingewiesen, dass die Anschlussfähigkeit rechtsextremer Inhalte an die bürgerliche Mitte noch nie so groß gewesen sei wie nach 2015. Von einem deutlichen »Schwinden der Grenzen zwischen bürgerlicher Mitte und dem Rechtsextremismus« ist die Rede. Auch der Generalbundesanwalt hat festgestellt, dass die Gefahr auch aus der Mitte der Gesellschaft kommt.

Eine »gruppenbezogene Menschenfeindlichkeit« hat an Boden gewonnen. Wilhelm Heitmeyer bezeichnet diese Entwicklung als »autoritären Nationalradikalismus«. Er stellt fest: »Viele Menschen sind innerlich ausgewandert, fühlen sich vergessen, abgehängt und haben Angst vor Abstieg und Ächtung.« Der Zuzug von Geflüchteten hat sich als Brandbeschleuniger erwiesen.

Steht unser Land also auf der Kippe? Natürlich haben wir keine Weimarer Verhältnisse, und die Bundesrepublik wird nicht enden wie Weimar. Aber es gibt besorgniserregende Parallelen, und die lauern auch versteckt in unserer Gesellschaft.

Zur Erinnerung: Es waren Kräfte aus der eigentlich demokratischen Mitte, die der Zerstörung der Weimarer Republik Vorschub geleistet hatten, zuletzt mit dem Ermächtigungsgesetz von 1933, mit dem die Demokratie verraten und damit vor allem der rechte Rand gestärkt wurde. Teile des

Bürgertums haben das Geschenk der Demokratie nicht angenommen. Sie haben ihrer Zerstörung tatenlos zugeschaut. So wie beim sogenannten Röhm-Putsch 1934, der gegen die SA und ihren Anführer Ernst Röhm gerichtet war. Mindestens neunzig Menschen – darunter der frühere Reichskanzler von Schleicher und seine Frau – wurden auf Hitlers Befehl ermordet. Dies blieb ohne sichtbare Reaktion, obwohl alle Zeitungen darüber berichteten. Die *Kölnische Zeitung* titelte: »Der Führer ist das Recht.« Deutschland war zu einer Willkürherrschaft geworden, mit Hitler als Gerichtsherr über Leben und Tod. Es gab keine Proteste dagegen.

Auch ein Wesenselement des Nazisystems, der Antisemitismus, ist nicht verschwunden. Mitunter tarnt er sich, mitunter operiert er ganz offen. Es ist eine unerträgliche Tatsache: Juden sind in Deutschland wieder gefährdet. »Öffentlich artikulierte Hassparolen, fremdenfeindliche Gewaltattacken, unverhohlener Rassismus im Internet sind inzwischen längst Alltag«, kritisiert Salomon Korn, Vorsitzender der Jüdischen Gemeinde in Frankfurt, die Situation. Auf deutschen Straßen werden israelische Flaggen angezündet. In manchen Regionen scheuen sich Menschen jüdischen Glaubens, ihre Kippa in der Öffentlichkeit zu tragen. Sie werden auf offener Straße angepöbelt, angegriffen. Und nur einer stabilen Synagogentür ist es zu verdanken, dass es 2019 in Halle nicht zu einem Massaker an jüdischen Kirchgängern kam. Der rechtsextreme Täter hatte sich für seine monströse Tat Jom Kippur ausgesucht, den höchsten jüdischen Feiertag. Diese Entwicklungen haben im Land des Holocaust ein anderes Gewicht als in anderen Ländern.

DAS RECHTE ERBE DER DDR

Der besondere Erfolg der AfD in den neuen Bundesländern wirft die Frage auf, warum gerade dort rechtes Gedankengut so erfolgreich ist, warum die Unzufriedenheit mit der Demokratie dort so verbreitet ist. Dafür gibt es diverse Gründe. Nicht alle Teile der Bevölkerung, darauf weist Joachim Gauck hin, haben im Zuge der Wiedervereinigung traumatische Erfahrungen gemacht. Teile der Bevölkerung sind einfach strukturkonservativ, fürchten Veränderungen, haben Angst vor dem Fortschritt und pflegen eine starke Heimatverbundenheit.

In der DDR wurde die Nazizeit verdrängt. In der Bundesrepublik kam mit der Studentenbewegung ein Prozess der Erinnerung in Gang, der bis heute andauert. Die Demokratie im Westen bekam mit dieser Bewegung einen Modernisierungs- und Freiheitsschub, den das autoritäre Regime in der DDR gar nicht aufkommen ließ.

Anders, als die Machthaber suggerierten, gab es in der DDR zu allen Zeiten antisemitische, fremdenfeindliche und pro-nazistische Vorkommnisse. Nur war das in einem Staat, der von sich behauptete, den »Nazismus ausgerottet« zu haben, ein Tabu und wurde totgeschwiegen. Per Staatsdoktrin hatte man sich dem Antifaschismus verschrieben, aber die Entnazifizierung noch viel halbherziger durchgeführt als im Westen.

Eine wissenschaftliche Untersuchung der Stasiakten brachte das Ergebnis: rechtsextremistische Gewalttaten in vielen Städten und Gemeinden. In den Siebziger- und Achtzigerjahren formierte sich in der DDR eine rechtsextreme Szene, die sich in Jugendgangs, Hooligan- und Wehrsportgruppen organisierte. Die westdeutschen Rechtsextremen, die nach dem Fall der Mauer in den neuen Bundesländern einen Agitationsort witterten, stießen auf bestehende Strukturen. Soziologen untersuchten die paradox anmutende »Ausländerfeindlichkeit ohne Ausländer« im Osten und kamen zu dem Ergebnis, dass der geringe Anteil von Ausländern in der DDR zu einem »monokulturell geprägten Provinzialismus« geführt und fremdenfeindliche Einstellungen begünstigt habe.

Solche Gesinnungen und Taten gab es auch im Westen, aber sie wurden in der Regel zum Thema öffentlicher Erörterung, gesellschaftlicher Ächtung und strafrechtlicher Verfolgung. Heute werden autoritäre Strukturen auch, gerade im Osten, durch die Zeitenwende befeuert, die Unsicherheit auslöst. Und dann kommen die Verführer. Sie operieren mit der Angst und der Orientierungslosigkeit und präsentieren einfache Lösungen. So nähren die Populisten die trügerische Hoffnung, mit dem Rückzug in eine heimatliche, überschaubare Idylle, die es so nie gegeben hat, könne man den Gefahren der Globalisierung begegnen.

DIE VERHÄNGNISVOLLE ROLLE DER ÄNGSTE

Ängste bestimmen gesellschaftliches Verhalten, wie die Untersuchungen der Sozialpsychologie belegen: Angst vor Kriminalität, vor Überfremdung, vor sozialem Abstieg, vor Globalisierung. Es gibt berechtigte Ängste, deren Ursachen wir erspüren und auf die wir eingehen müssen. Es gibt aber auch lähmende, unberechtigte Ängste, die unsere Gesellschaft vergiften. Vor allem ist es unverantwortlich, Ängste auch noch zu schüren. Zum Beispiel die Angst vor einer vermeintlichen Überfremdung und Islamisierung, wie sie Thilo Sarrazin seit Jahren mit breiter Aufmerksamkeit verbreitet.

»Die Angst«, sagte der kürzlich verstorbene polnisch-britische Soziologe Zygmunt Bauman, »ist der hinterhältigste Dämon einer freien Gesellschaft.« Gerade wir Deutschen haben den Ruf, überängstlich zu sein. Im Ausland spricht man von der »German Angst« und meint damit eine gewisse Überempfindlichkeit, übertriebene Vorsicht, die manchmal zur Hysterie neigt.

»Rassismus ist das Produkt der Angst einer Mehrheit vor einer Minderheit, die gleichzeitig zum Sündenbock aller negativen Entwicklungen erklärt wird.« So hat der Christdemokrat Heiner

Geißler das Phänomen beschrieben. »Der Flüchtling ist der Bote des Unglücks, der uns die Nachrichten aus Regionen bringt, vor denen wir am liebsten die Augen verschließen würden«, sagte Bertolt Brecht.

Die Augen verschließen – das geht nun nicht mehr. Nach der Wiedervereinigung war die Flüchtlingskrise 2015 die größte politische Herausforderung. Wir haben sie besser bestanden, als viele befürchtet hatten. Realität ist: Wir sind eine multikulturelle Gesellschaft. Jeder fünfte Deutsche hat einen Migrationshintergrund. Wir werden in Zukunft nicht nur auf mehr Einwanderer angewiesen sein. Wir werden auch künftig mehr Geflüchtete aufnehmen müssen.

DIE BEKÄMPFUNG DES RECHTSRADIKALISMUS

Wie also umgehen mit den rechten Tendenzen in unserer Gesellschaft? Die Auseinandersetzung mit diesen Gefahren dürfen wir nicht den Sicherheitskräften und der Justiz allein aufbürden. Da geht es ohnehin nur um Straftaten. Es muss vorher angesetzt werden in einem gesellschaftlichen Diskurs. Auch die Institutionen, die sich professionell mit dem Thema Rechtsradikalismus auseinandersetzen, sind wichtig – beispielsweise die Aussteigerorganisation »Exit« unter Leitung von Bernd Wagner. Sie bemühen sich darum, durch Rechtsextremismus Verführte und Gefährdete, vor allem auch Jugendliche, aus dem Einfluss der Extremisten herauszuholen – mit gutem Erfolg und nun auch mit mehr staatlicher Unterstützung. Der deutsch-israelische Psychologe und Autor Ahmad Mansour macht das in vorbildlicher Weise im Hinblick auf radikalisierte Islamisten. Dafür wurde ihm 2019 der Menschenrechtspreis der Gerhart und Renate Baum-Stiftung verliehen, die Laudatio hielt der Ministerpräsident von Nordrhein-Westfalen, Armin Laschet.

In der Haft werden besonders Jugendliche in diese Milieus hereingezogen. Sie zurückzuholen, ist ein schweres Unterfangen und nicht spektakulär. Es ist Prävention angesagt. Gewalt und Hass beginnen in den Köpfen. Auch dürfen wir die Jugendlichen in den sozialen Netzwerken nicht den Verführern überlassen. Warum gehen wir nicht rein in diese Netzwerke und diskutieren mit ihnen, solange sie noch zu erreichen sind? Der Täter von Halle war motiviert durch ein antisemitisches Netzwerk. Andere Informationen ließ er nicht an sich heran.

Ich habe oft den Versuch gemacht, unter anderem in Dresden, mit Menschen zu reden, die sich von unserer Demokratie entfernt haben. Es ist schwer, an sie heranzukommen. Sie leben in einer anderen Realität. Verständnis bewirkt nichts, Das werten Systemverächter als Teilkapitulation, durch die sie sich nur noch bestärkt fühlen. Es bleibt nur ein Weg: Diese Menschen müssen vom Wert unserer freiheitlichen Ordnung überzeugt werden – und das ist kein einfacher Prozess.

Wer das Gedenken an den Holocaust wie Björn Höcke als »dämliche Bewältigungspolitik« bezeichnet, ist für Argumente kaum empfänglich. Ebenso derjenige, der sich von Überfremdungsangst treiben lässt. Ein wichtiges Instrument der Abwehr ist die vom Verfassungsschutz angeordnete »Beobachtung«, die erhebliche Rechtsfolgen auslöst.

Die AfD gibt sich den Anschein einer seriösen, demokratischen Oppositionspartei, die die Sorgen der Menschen ernst nimmt. Muss man sie aushalten? Wie oft höre ich: »Man kann doch nicht 25 Prozent der Wähler ausgrenzen.« Doch: Man muss!

Machen wir uns klar: Das Ziel dieser Partei ist, unsere Ordnung zu beseitigen! Da gibt es nichts zu beschönigen. Da ist auch nichts zu verhandeln. Auch mit den Nazis konnte man nicht verhandeln. Alle, die die AfD heute unterstützen, sind mitverantwortlich. Auch das ist eine Lehre von Weimar. Es ist unerträglich, wenn die AfD verkündet: »Wir werden uns unser Deutschland Stück um Stück zurückholen.« Da gilt, was Thomas Mann über die Nazis gesagt hat: »Sie haben die unglaubliche Kühnheit, sich mit Deutschland zu verwechseln.« Die AfD verwechselt sich mit Deutschland!

Die Demokraten müssen überzeugend regieren. Sie müssen berechtigte Ängste ernst nehmen. Die Vorstellung, man müsse nur miteinander reden, dann käme alles in Ordnung, ist gut gemeint, aber naiv.

4
SCHÜTZT EURE DATEN

ZWISCHEN FORTSCHRITT UND GEFAHR

Die Digitalisierung ist der Inbegriff der Zeitenwende. Daten sind das Kapital des digitalen Zeitalters. Sie sind, was Erdöl für das 20. Jahrhundert war: begehrte Ressource und Treibstoff unserer Wirtschaft. Eine weltumspannende, gigantische Industrie hat sich im Zuge der fortschreitenden Digitalisierung rund um die Verarbeitung von Daten entwickelt. Sie bringt uns viele Annehmlichkeiten und Chancen: Zugang zu Wissen und Information, neue Formen der Kommunikation und viele Erleichterungen im Alltag. Die Pandemie hat sogar noch einmal zu einem Digitalisierungsschub geführt. Was hätte sich in Corona-Zeiten ohne Internet getan? Ohne Videokonferenzen, Homeoffice und Bildschirmunterricht? Gleichzeitig wurde digitaler Nachholbedarf sichtbar, etwa in Schulen und Verwaltungen.

Die digitale Revolution ist ein unverzichtbarer Fortschrittsmotor. Die Impfstoffentwicklung war nur in Rekordzeit möglich, weil Forscher sich weltweit vernetzten und laufend digital austauschten. Und nun steht mit dem Quantencomputer, der über schier unbegrenzte Rechenleistung verfügt, der nächste Entwicklungssprung an. Quantentechnik ist die Basis milliardenschwerer Alltagstechnologien und führt zu einer neuen Generation von Computern und Maschinen. In diesen Zusammenhang gehört auch die Entwicklung der künstlichen Intelligenz.

Das sind atemberaubende Fortschritte. Aber wer befasst sich mit den Folgen für Freiheit und Gesellschaft? Im Schatten politischer und öffentlicher Aufmerksamkeit steht die Nachtseite der neuen Kommunikationstechniken. Das ist kein beiläufiger Aspekt. Die fortschreitende Digitalisierung birgt Gefahren für Freiheit und Menschenwürde. Es mangelt nicht nur an europäischer Datensouveränität. Den technologischen Systemwettbewerb haben wir bislang gegen die USA und China verloren.

Viel entscheidender aber ist: Unsere persönliche Autonomie wird bedroht von staatlichen Behörden und einer ausufernden Sicherheitspolitik, vor allem aber von marktbeherrschenden Technologieunternehmen, die unsere Kommunikation systematisch analysieren und unseren Alltag überwachen mit dem Ziel, auch unser Verhalten zu bestimmen suchen. In Verbindung mit den Biowissenschaften will man Systeme entwickeln, die ins Gehirn eingreifen und das Denken der Menschen beeinflussen sollen. Computer, die Gedanken lesen. Systeme, die Gesichtsausdruck und Stimmungslage aufnehmen und analysieren. Der neue Quantencomputer könnte auch die Biologie des Menschen ändern. Die technische Entwicklung galoppiert davon, der rechtliche Ordnungsrahmen hinkt hinterher. Es bestehen Zweifel, ob er jemals Schritt halten kann.

Wir müssen uns daher noch stärker auf den Weg machen hin zu digitalen Grundrechten, hin zu einer an ethischen Maßstäben orientierten digitalen Weltordnung. Die Menschen dürfen nicht zum Objekt werden, nicht zum Befehlsempfänger eines Algorithmus. Parlamente müssen entscheiden, nicht Digitalfirmen. Nicht »code is law« (»Der Code ist das Gesetz«), sondern »law rules code« (»Das Gesetz bestimmt den Code«) muss gelten.

DIE DIGITALE INVASION DER LEBENSWELT

Wir leben heute in einer Welt, in der Datenströme allgegenwärtig geworden sind. Jeder hinterlässt digitale Spuren überall, im Auto, in der Wohnung, im Internet. Es geht nicht nur um Kommunikation, es ist umfassender. Immer mehr Lebensregungen werden registriert. Unsere Handys wissen jederzeit, wo wir wann sind, was wir einkaufen, was wir in Suchmaschinen eingeben. Unsere Krankheitsgeschichte ist auf Chipkarten abrufbar. Das Auto erfasst die Fahrweise, den Weg, das Ziel, speichert alles und sendet die Daten weiter, zum Beispiel an die Kfz-Versicherung, die die Beiträge entsprechend anpasst. Der Stromzähler im Haus gibt Auskunft darüber, welchen TV-Sender man gesehen hat, welchen Film man gewählt hat. Menschen stellen sich freiwillig sprachgesteuerte internetbasierte Assistenten wie Alexa zu Hause auf, obwohl sie wissen, dass diese mithören, bisweilen sogar Gespräche mitschneiden. Sie holen sich ohne Bedenken die »Wanze« in die Wohnung.

Dieser allgegenwärtige Datenhunger wird immer größer, ohne dass wir dem viel entgegensetzen. Viele wiegen sich in Sicherheit, weil sie ihre Datenspuren für unerheblich halten. Doch man sollte sich nicht täuschen: Unsere Daten sollten niemanden etwas angehen, und in der Summe sagen sie sehr viel über uns aus. Ihre pausenlose Registrierung macht uns gläsern und manipulierbar. Und: Eine wie auch immer geartete Einwilligung ersetzt nicht einen gesetzlichen Rahmen.

Konzerne und staatliche Sicherheitsorgane haben mittlerweile technisch nahezu unbegrenzte Möglichkeiten der Datenspeicherung und -analyse. Und sie tauschen sich aus. Amazon weiß, was ich gekauft habe, und weiß dadurch, was ich als Nächstes kaufen will, bevor ich das weiß. Google definiert als Weltmarktführer die Infrastruktur im Internet und durchsucht lückenlos das Netz. Mithilfe einer gigantischen Analysemaschinerie werden Persönlichkeitsprofile von einem Großteil der Menschheit erstellt. Und das vollautomatisch auf Basis von Algorithmen. Onlineshops berechnen ihre Preise auf Basis solcher Persönlichkeitsprofile. Über einen Menschen, der jetzt geboren wird, wird ein Berg von Informationen entstehen, ehe er siebzig oder achtzig Jahre alt ist.

Kein Bereich des Lebens bleibt diesem digitalen Zugriff entzogen. Das ist eine Revolution, alles verändert sich: Politik, Wirtschaft, die Arbeitswelt, das Private. Der Soziologe Harald Welzer spricht in Anlehnung an Jürgen Habermas von der Digitalisierung als einer totalen »Kolonisierung der Lebenswelt«. Die Kolonialherren sind in diesem Bild die Datenmonopole von Amazon, Facebook, Google und Co.

Dabei geht eine zentrale Dimension menschlichen Lebens verloren, nämlich das Vergessen. Wir alle vergessen, und zwar ziemlich selektiv. Wir vergessen zum Beispiel das Unangenehme. Das Internet, die Cloud, die Geheimdienste vergessen kaum etwas. Der Datenbestand der Menschheit wächst und wächst, sich dabei unablässig selbst reproduzierend. Und wer darin etwas löschen will, steht vor kaum überwindbaren Herausforderungen, technischer wie rechtlicher Art. Inzwischen gibt es hierzu zwar Grundsatzurteile des Europäischen Gerichtshofes (EuGH) und des Bundesverfassungsgerichts, in der Praxis sind sie jedoch schwer umzusetzen.

Frank Schirrmacher hat über diese Problemfelder schon vor über zehn Jahren erhellend geschrieben. Mich haben seine Texte damals motiviert, den gesellschaftspolitischen Auswirkungen der Digitalisierung nachzuspüren. Einer meiner Aufsätze für eine von Schirrmacher initiierte Artikelserie in der *FAZ* trug den Titel »Wacht auf, es geht um die Menschenwürde«. Seitdem hat sich die Datenmacht der Plattformen erheblich verstärkt. Man muss von einem regelrechten Datenkapitalismus sprechen, dem wir ausgesetzt sind. Die amerikanische Wirtschaftswissenschaftlerin Shoshana Zuboff geht noch einen Schritt weiter. Sie sieht uns bereits in einem »Überwachungskapitalismus« angekommen, in dem die Konzerne sich der grundrechtlichen Kontrolle weitestgehend entziehen. Dabei ist die Datenschutzdebatte fast so alt wie das Computerzeitalter selbst.

Ein Gegenmittel ist das Wettbewerbsrecht. Man wird abwarten müssen, ob die Initiativen der Europäischen Kommission und der US-amerikanischen Wettbewerbsaufseher bis hin zu einer möglichen Zerschlagung der Netzriesen Früchte tragen werden.

DER LANGE WEG ZUR INFORMATIONELLEN SELBSTBESTIMMUNG

Dem Thema Datenschutz begegnete ich zum ersten Mal in Gestalt des hessischen Datenschutzgesetzes von 1973, des ersten Gesetzes, das es hierzu in Deutschland überhaupt gab. Seinen Verfasser Spiros Simitis, der heute zu Recht als »Vater des Datenschutzes« bezeichnet wird, hätte ich als Innenminister gerne zum ersten Bundesdatenschutzbeauftragten berufen. Leider wollte er lieber Wissenschaftler bleiben.

1977 wurde das erste Bundesdatenschutzgesetz des Bundes beschlossen, das ich in seinem Werdegang als Parlamentarischer Staatssekretär begleitet habe. Schritt für Schritt haben wir uns mit der rechtlichen Materie vertraut gemacht. Es handelte sich ja um gesetzgeberisches Neuland, da die Computertechnologie zu jener Zeit noch in ihren Anfängen stand. Sie war bestimmt durch zentrale Großcomputer, die langsam und teuer arbeiteten.

In einem FDP-Programm, dem Programm der sogenannten Perspektivkommission, deren Vorsitzender ich war, wurde 1977 der Schutz der Privatheit zum Thema und auf einem Parteitag in Kiel eingehend behandelt. Manches aus diesem Programm hat nichts an Aktualität verloren.

Der Datenschutz adressierte damals vor allem staatliche Sicherheitsorgane, denn sie nutzten als Erste die neuen Analysemöglichkeiten des Computers. Ich musste – in der Hochphase des RAF-Terrors, dem Deutschen Herbst – den Belangen der Inneren Sicherheit Rechnung tragen und gleichzeitig ein ausgewogenes Verhältnis zum Menschenrecht auf Privatheit herstellen. Das ging nicht ohne Kontroversen, vor allem vonseiten der CDU/CSU-Opposition. Für sie war Datenschutz Täterschutz, und ich war der »Unsicherheitsminister«.

Heute ist die Tracking-App zur Nachverfolgung von Corona-Ansteckungsketten in Verruf geraten, weil angeblich der Datenschutz ihre Wirksamkeit verhindert. Die Defizite liegen an anderer Stelle. Wieder einmal wird Datenschutz zum Prügelknaben.

DIE VOLKSZÄHLUNGSDEBATTE

Im Frühling 1983 – der Personal Computer war noch ein Privileg einiger weniger, das Internet ein amerikanischer Infoverbund für Universitäten – sollten Beamte und Angehörige der öffentlichen Verwaltung durch eine Tür-zur-Tür-Befragung eine Volkszählung durchführen. Dazu gehörten Informationen wie Name, Anschrift, Familienstand, Beruf. Diese Datenabfrage löste eine ungeheure Empörung in Teilen der Bevölkerung aus, die man heute kaum noch verstehen kann, zumal die Daten anonym bleiben sollten. Das Thema beschäftigte monatelang die Schlagzeilen, und die Deutschen pochten auf ihre Privatsphäre, als gelte es, das Abendland gegen finstere Mächte zu verteidigen.

Ich erinnere mich noch gut an diese Zeit. Die sehr aufgeregte, manchmal geradezu hysterische Stimmung führte zu einer Reihe von Verfassungsbeschwerden und schließlich im Dezember 1983 zu einem wegweisenden Urteil des Bundesverfassungsgerichts. Darin wurde das »informationelle Selbstbestimmungsrecht« als von der Verfassung geschütztes Gut begründet. Das Bundesverfassungsgericht sah eine Gefährdung der freiheitlichen Grundordnung für gegeben an, die durch eine vom Betroffenen unbeherrschte Datensammlung unter den Bedingungen moderner Informationstechnik entstehen könnte.

Was sehr juristisch klingt, bedeutet nichts anderes als: Wer nicht weiß oder nicht beeinflussen kann, welche Informationen bezüglich seines Verhaltens gespeichert und vorrätig gehalten werden, passt aus Vorsicht sein Verhalten an, und das beeinträchtigt nicht nur die individuelle Handlungsfreiheit. Auch das Gemeinwohl bedarf – so hat das Verfassungsgericht es zum Ausdruck gebracht – der selbstbestimmten Mitwirkung seiner Bürger. Diese Feststellung ist in späteren Urteilen etwa zum Lauschangriff oder zur Online-Durchsuchung immer wieder bekräftigt worden.

Mit dem Begriff der informationellen Selbstbestimmung hat das Bundesverfassungsgericht eine höchstrichterliche Definition des Begriffs »Privatheit« geliefert. Informationelle Selbstbestimmung bedeutet die Herrschaft des Betroffenen über alle seine Daten. Jede Verwendung und Einschränkung sollte nur auf gesetzlicher Grundlage zulässig sein, Einschränkungen zudem nur im überwiegenden Allgemeininteresse möglich sein, also immer dort, wo der Einzelne Pflichten und Verantwortung im sozialen Zusammenhang zu tragen hat. Zum Beispiel in seiner Eigenschaft als Steuerzahler oder bei der Bekämpfung von Kriminalität. Die Grundsätze des Urteils wurden im Bundesdatenschutzgesetz von 1977 umgesetzt. Heute führen wir eine kritische Debatte über die Einführung eines allgemeinen Personenkennzeichens.

DAS COMPUTERGRUNDRECHT

2008 unternahm das Bundesverfassungsgericht einen bedeutsamen weiteren Schritt. Es definierte angesichts der wachsenden Bedeutung informationstechnischer Systeme in einem zweiten Grundsatzurteil ein »Computergrundrecht«. Damit war es im Computerzeitalter angekommen. »Die Grundrechte boten bis dahin keinen Schutz, welcher der Bedeutung informationeller Systeme in der heutigen Welt für den Menschen angemessen ist«, stellte mein Neffe Dr. Peter Schantz in dem von ihm mitverfassten Kommentar zur Grundverordnung fest. Er war neben meinem Kollegen Prof. Dr. Julius Reiter und mir einer der drei Beschwerdeführer und hat im Wesentlichen die Beschwerdeschrift verfasst. Wir wandten uns gegen die Online-Durchsuchung im Verfassungsschutzgesetz von Nordrhein-Westfalen. Nach unserer Ansicht verstieß das Gesetz gegen mehrere Grundrechte. Insbesondere beachtete es nicht den vom Verfassungsgericht geforderten Schutz eines »Kernbereichs privater Lebensgestaltung«, weil die privaten Daten auf der Festplatte sich von den anderen nicht trennen lassen. Wir hatten Erfolg, und das

Gericht nutzte unsere Beschwerde zu grundsätzlichen Aussagen zum Datenschutz. Ein »Grundrecht auf Vertraulichkeit« erblickte das Licht der Welt. Der Bundesgesetzgeber hat es bisher nicht mit Leben erfüllt.

Informationstechnische Geräte benutzen wir alle. Sie sind Teil unserer Lebensgestaltung. Wir sind auf sie angewiesen, aber sie entziehen sich – gerade in ihrer Vernetzung – unserer Kontrolle. Der Einzelne hat keinen Einblick in diese komplexen Systeme und kann sich nicht mehr schützen. Er muss sich daher auf die »Integrität« der von ihm genutzten informationstechnischen Systeme und der mit ihm verbundenen Systeme verlassen können. Hat jemand erst einmal Zugriff auf das System genommen, ist der Betroffene der Ausspähung und Überwachung ausgesetzt oder der Manipulation des Systems. Das kann vonseiten des Staates wie von privater Seite geschehen.

Die vom Gericht der Politik auferlegten Schutzaufträge, zum Beispiel der Schutz der persönlichkeitsbezogenen Autodaten, werden nicht wahrgenommen. Manchmal hat man den Eindruck, es handele sich um ein vergessenes Grundrecht.

DIE INTERNATIONALE PERSPEKTIVE

Der Datenverkehr ist international, deshalb muss er international geregelt werden. Ein Meisterstück war in dieser Hinsicht die wegweisende Europäische Datenschutzgrundverordnung des

Europäischen Parlaments von 2018 unter Federführung des deutschen Grünen-Abgeordneten Jan Philipp Albrecht. Es wird hierzulande immer noch schlechtgeredet. Andere Staaten weltweit orientieren sich dagegen an dieser Verordnung. Ein Kerngedanke ist: Wer auf unserem europäischen Markt tätig ist, muss auch dessen Regeln befolgen. Andernfalls hat er erhebliche Sanktionen zu befürchten. Die Verordnung betrifft allerdings nur den zivilen Bereich. Diese europäischen Regeln wurden inzwischen noch verschärft und neue Rechte für die Betroffenen etabliert.

Eine wichtige Rolle spielen das Bundesverfassungsgericht und der Europäische Gerichtshof. Auch die Grundrechtscharta der Europäischen Union schützt die Privatheit. Die Europäische Kommission bemüht sich ebenfalls, die Datenkapitalisten in die Schranken zu weisen. Besonders aktiv ist die Vizepräsidentin Margrethe Vestager.

Die Digitalkonzerne lassen sich kaum noch einem Land, einem Ort zuordnen und werden sich der Kontrolle sowie der Steuerpflicht immer wieder zu entziehen versuchen. Da ist in Europa, aber auch weltweit das Kartellrecht gefragt. Und zu Recht wird die Zerschlagung der Konzerne nun diskutiert.

Schutz der Privatheit ist ein Thema für die ganze Staatengemeinschaft. Die Entwicklung ist längst über einzelstaatliche Regelungsmöglichkeiten hinausgewachsen.

Ich plädiere nachdrücklich dafür, auch die bislang unausgeschöpften Möglichkeiten des

Völkerrechts in den Blick zu nehmen. Ich denke dabei an die Rolle der Vereinten Nationen. Schon in der *Allgemeinen Erklärung der Menschenrechte* von 1948 ist der Schutz der Privatheit angelegt, später in verschiedenen Völkerrechtspakten. Diese müssten aktualisiert werden.

Seit einigen Jahren wird das Thema im Menschenrechtsrat, dem zentralen Gremium für Menschenrechte der Vereinten Nationen, regelmäßig in Berichten behandelt. Die Vereinten Nationen haben einen Sonderberichterstatter dazubestellt. Im Turnus von zwei Jahren verabschiedet die Generalversammlung Resolutionen mit dem Titel »The right to privacy in the digital age«. Darin finden sich die Zielvorstellungen, die auch uns bewegen. So werden die Staaten aufgefordert, »Gesetze mit effektiven Sanktionen und Rechtsmitteln zu entwerfen, beizubehalten oder zu implementieren, die Individuen gegen Verstöße und den Missbrauch des Rechts auf Privatheit, namentlich durch das ungesetzmäßige und willkürliche Sammeln, Aufbereiten und Speichern persönlicher Art zu schützen«. Skeptiker werden sagen: Das ist ja nur Papier! Aber auch das völkerrechtliche Folterverbot ist Papier – und hat dennoch eine Wirkung.

Datenschutz gehört auch in die Handelsabkommen. Im Trade in Services Agreement (TISA) wollen die Vereinigten Staaten das Prinzip des »free flow of data« durchsetzen, das Regelungen der Europäischen Grundverordnung zur Drittstaatenübermittlung und zum Marktortprinzip obsolet machen würde. Das wäre schlimm, hart erkämpfte Errungenschaften würden dadurch teilweise ausgehöhlt. Immerhin: Seit wegweisenden Urteilen des EuGH, erstritten von dem jungen österreichischen Datenaktivisten Maximilian Schrems, ist es generell verboten, Daten von europäischen Kunden in die USA zu transferieren, wenn dort nicht Datensicherheit gewährleistet ist. Ein neues Abkommen wird derzeit vorbereitet.

DIGITALE MÜNDIGKEIT

Leider ist der Datenschutz kein großes Thema für die Generation der Digital Natives. Und er hat immer noch keinen guten Anwalt in unserer Regierung. Dabei sind die Freiheitbedrohungen der Digitalisierung seit Jahren in der öffentlichen Diskussion. Der Befund müsste eigentlich zünden. Er müsste die Politik aufrütteln, die Gesellschaft alarmieren. Aber die meisten Menschen stehen dieser Entwicklung relativ gleichgültig gegenüber. Vom Privatheitsbewusstsein der Volkszählungsjahre ist fast nichts mehr übrig. Aus dem »Lasst euch nicht erfassen!«, dem Anti-Volkszählung-Slogan, ist erst ein »Ich habe doch nichts zu verbergen« und schließlich ein »Ich habe ja nichts zu verlieren« geworden. Milliarden privater Fotos und Filme schwirren tagtäglich durch die sozialen Medien wie Facebook, Instagram und TikTok. Millionen digitaler Poser propagieren das Recht auf informationelle Selbstentblößung. Der Wert informationeller Selbstbestimmung scheint aufgekündigt. Wir sind Rädchen in einem Datenkapitalismus, der seinen Profit aus unserer Privatheit zieht. Wir bezahlen mit unseren Daten, um dabei zu sein. Das hat gegenüber dem Bezahlen mit Euro einen entscheidenden Vorteil: Das Privatheitskonto ist anders als das Bankkonto unbegrenzt regenerativ.

Die meisten Menschen haben kein Bewusstsein für den Wert ihrer Daten. Unser Umgang mit digitaler Technik ist so selbstverständlich und umfassend geworden, dass wir abgestumpft sind gegen die Zumutungen, die diese Industrie uns abverlangt. Die geforderte individuelle »Einwilligung« der Nutzer – wer kann sie schon verweigern? – wird auf diese Weise vielfach zum »Totengräber der Autonomie«, wie der ehemalige Richter des BVerfG Wolfgang Hoffmann-Riem anmerkt. Wir haben uns daran gewöhnt, dass wir uns gläsern machen, dass man mit unseren Daten Geschäfte treibt, dass sie gespeichert werden, wo wir keinen Zugriff mehr darauf haben. Zu verlockend sind die Impulse des digitalen Lifestyles, die in Form von Wissen, Teilhabe, Bequemlichkeit, Spaß und Likes auf unser Belohnungszentrum feuern. Auch ich nutze sehr oft das Internet, ohne mir klarzumachen, dass man meine Spuren nachverfolgen kann. Die entscheidende Frage wird daher sein, ob wir, die Nutzer, auf Dauer mitspielen. Ob die Menschen nicht doch irgendwann die Profitgier satthaben und die Beachtung ethischer Maßstäbe verlangen.

Noch vor wenigen Jahren hätte ich es nicht für möglich gehalten, dass die Bürgerinnen und Bürger das entstehende Datensammel-Oligopol dauerhaft hinnehmen würden. Ich habe mich getäuscht. Kaum kontrolliert und unter Geschäftsbedingungen, denen man sich als Kunde praktisch nicht entziehen kann, braut sich eine historisch beispiellose ökonomische Macht zusammen. Deshalb ist Widerstand geboten gegen die Machtdominanz, die von Firmen wie Google und Amazon ausgeht. Mit dem Kartellrecht allein ist ihr nicht beizukommen. Es muss sich auch etwas im Denken von uns, den Konsumenten, ändern.

Den Enthüllungen des Whisteblowers Edward Snowden haben wir es zu verdanken, dass wir heute wissen, wie die öffentlichen und die privaten Datensammler zusammenarbeiten. Letztere müssen die Daten unter bestimmten Voraussetzungen an die Behörden herausgeben. Allmählich beginnen die Unternehmen jedoch, sich querzustellen; sie merken, dass ihre Kunden ihnen diese Zusammenarbeit übelnehmen. Das unterstreicht, dass nicht nur der rechtliche Rahmen wichtig ist, sondern auch die Art, wie die Gesellschaft reagiert. Wir haben Instrumente in der Hand, um das Geschehen zu beeinflussen: als Wähler gegenüber unseren Politikern, als Marktteilnehmer gegenüber den Konzernen. Der europäische Markt umfasst mehr als 400 Millionen Menschen, und die US-Firmen sind gut beraten, sich ganz genau zu überlegen, wie sie mit diesen Kunden umgehen. Momentan tun sie das eher rücksichtslos.

Frank Schirrmacher hat sich in seinem Buch *Payback* ausführlich mit der Rolle des freien Willens beschäftigt. Darin schreibt er: »Und hier bei der Frage des freien Willens zeigt sich schließlich auch, wie wichtig der Perspektivwechsel in Zeiten des digitalen Lebens ist. Das ist keine akademische Frage. In einer vorausberechneten und vorhergesagten Welt wird es zu einer Alltagsfrage der Menschen. Dabei ist es völlig egal, ob es einen freien Willen gibt oder nicht. Wichtig ist, dass wir an ihn glauben. Ein Glaube, den uns kein Computer der Welt geben kann.«

Damit fordert Schirrmacher uns zu nicht weniger auf als dazu, von unserer Vernunft Gebrauch zu machen – wie er es selbst in so eindrucksvoller und nachwirkender Weise getan hat. Natürlich sollte der Bürger verantwortungsvoll mit seinen privaten Daten umgehen. Diese digitale Mündigkeit ist das Faustpfand für ein Leben in Autonomie und Freiheit im 21. Jahrhundert. Auf Zigarettenpackungen schreiben wir aus gutem Grund: »Rauchen kann tödlich sein« – warum gibt es auf Computern und auf den Benutzeroberflächen der Programme keinen Hinweis mit dem Text: »Die Daten, die du im Internet hinterlässt, können gegen dich verwendet werden«? Jugendliche müssen für die Risiken des digitalen Lebens sensibilisiert, neue Standards für soziale Netzwerke gesetzt werden. Der Medienbeauftrage der Evangelischen Kirche Markus Bräuer stellt dazu fest: »Wenn der Umgang mit der virtuellen Welt mittlerweile als ›vierte

Kulturtechnik‹ neben Lesen, Schreiben und Rechnen angesehen wird, muss es auch eine breite gesellschaftliche Beschäftigung damit geben.«

Es gibt in unserem Land seit Langem eine starke Umweltbewegung. Wir erleben einen politischen Energieschub in Sachen Klimaschutz, Stichwort Fridays for Future. Müssen wir den jungen Menschen nicht auch die Gefahren vor Augen führen, die schleichend unsere freiheitliche Gesellschaft bedrohen? Gerade wenn das Internet die Buchführung für unser Lebens übernimmt?

Immerhin, es scheint sich etwas zu bewegen: Zu begrüßen sind Aktionen wie die Verleihung des »Big Brother Award«, der Jahr für Jahr haarsträubende Verstöße gegen den Datenschutz sichtbar macht. Auch im Silicon Valley sind neue Töne zu hören: Hieß es dort früher oft, Privatheit wäre nicht länger eine soziale Norm, wird das trotzige Aufbegehren nun immer verhaltener. 2016 weigerte sich Apple beispielweise, dem FBI bei der iPhone-Entschlüsselung eines der Attentäter von San Bernardino zu assistieren.

Doch das bleiben symbolische Gesten. Den Digitalkonzernen geht es um ihr Geschäftsmodell und um rücksichtslose Gewinnmaximierung. Apple, Google, Facebook und Co. bleiben undurchschaubare Datenkraken. Diese Konzerne töten die Freiheit und unternehmen einen Totalangriff auf die Menschenwürde. Solange ihr Geschäftsmodell nicht auf den Prüfstand kommt, wird sich wenig ändern. Das Zugeständnis, mehr

Privatheit zu gewähren über die Einstellungen von Geräten, Programmen und Anwendungsoberflächen, kann nur der Anfang sein. Datenschutz darf nicht allein Aufgabe des Kunden sein, hier ist die Politik gefragt.

Warum machen wir Bürger in Sachen Freiheit und Datenschutz nicht mehr Druck? Warum macht die FDP es nicht zum Wahlkampfthema? Die Politiker zeigen gegenüber diesem Thema jedoch eine merkwürdige Zurückhaltung. Sie beklagen sich über den angeblichen Job- und Investitionskiller Datenschutz. Dagegen lese ich, dass in den USA einige Firmen sagen, die Europäer hätten einen Wettbewerbsvorteil, da sie den Wunsch der Verbraucher nach Privatheit verstanden haben. Warum setzen wir nicht auf diesen Wettbewerbsvorteil? Als Umweltminister hat man mir immer wieder entgegengehalten: »Wenn Deutschland mit dem Umweltschutz anfängt, wird die Wirtschaft leiden.« Sie hat überhaupt nicht gelitten. Umweltfreundliche Produkte haben sich auf dem Markt durchgesetzt. Und umweltfreundliche Produktionsweisen haben sich oft als deutlich effizienter erwiesen als traditionelle.

Die Vorstellung, wir würden hier lebensfremd am Wirtschaftswachstum vorbeidiskutieren, ist falsch. In der Politik allerdings haben wenige dieses Credo ernsthaft revidiert. Wenn die Politik heute Digitalisierung diskutiert, so meint sie Breitbandausbau, die Förderung von Start-ups, den Schutz gegen Hacker und ganz allgemein die Anwendung digitaler Technik. Es muss zornig machen, dass der damit verbundene Angriff auf die Menschenwürde offenbar nur für das Bundesverfassungsgericht ein Thema ist. Wir brauchen die Unterstützung der Politik, denn wir müssen weitere rechtliche Pflöcke einschlagen. Und die Pflöcke, die bereits eingeschlagen wurden – die Grundverordnung etwa –, verteidigen.

Der Einzelne kann sich – jedoch nur in einem gewissen Umfang – auch selbst schützen. Weniger durch Datenaskese – die Datenhungrigen kommen ihm doch auf die Spur. Aber es wird schwieriger für sie, wenn konsequent Verschlüsselungsmethoden angewendet werden.

5
DER STAAT DARF NICHT ALLES

DIE DEUTSCHEN UND DER STAAT

Das Verhältnis der Deutschen zum Staat und zu Demokratie und Freiheit war in der Geschichte zwiespältig. Die Impulse der Verfassungsdiskussionen in den amerikanischen Staaten, die sich 1776 von den Briten losgelöst hatten, haben hierzulande nicht gezündet. Mit den Vereinigten Staaten bildete sich die erste überzeugende Demokratie in der neueren Geschichte. Die erste deutsche Revolution 1848 ist fehlgeschlagen. Der Freiheitskämpfer Robert Blum wurde damals hingerichtet, Richard Wagner ging ins Exil. Die Weimarer Republik scheiterte vor allem am Verrat des Bürgertums. Es scheiterte deshalb auch die freiheitliche Weimarer Reichsverfassung, entworfen von dem großen Liberalen Hugo Preuss.

Es bedurfte der bitteren Lektionen jener Katastrophe, die Obrigkeitsdenken und ein totaler Staat im Nationalsozialismus entfesselt haben, um den Deutschen den Weg frei zu machen zur freiheitlichsten Verfassung, die sie je hatten: dem Grundgesetz. Es ist die endgültige Absage an den Obrigkeitsstaat, an den blinden Gehorsam, den Heinrich Mann so treffend in seinem Roman *Der Untertan* aufs Korn genommen hatte. Der Bürger ist nicht mehr Untertan. Er ist der Souverän!

Um die Freiheit der Bürgerinnen und Bürger zu garantieren, hegen diverse Regeln die Staatsgewalt ein. Aber sie müssen verfassungskonform sein. Und nicht alles, was verfassungskonform ist, ist auch politisch geboten.

Die junge Bundesrepublik war noch nicht gefestigt, als ich begann, mich in der FDP politisch zu engagieren. Immer wieder traten autoritäre Tendenzen zutage – in der Familie, in der Schule, an der Universität, im Verhältnis des Bürgers zum Staat. Lange wurden sie von der Bevölkerung hingenommen. Der Philosoph Karl Jaspers warnte 1966: »Aus dem Jahrhunderte währenden Obrigkeitsstaat sind, ohne helles Bewusstsein, Gesinnungen geblieben, die heute noch mächtig sind.« Ein halbes Jahrhundert später haben sich diese Gesinnungen deutlich abgeschwächt, nicht zuletzt durch den Freiheitsschub der 68er-Bewegung (auch wir Liberalen haben kräftig dazu beigetragen). Ganz verschwunden sind sie nie. Noch immer glauben viele, der Staat wird's schon richten. Ich wundere mich manchmal, wie wenig Empörung zum Beispiel der staatliche Hang zur Beschnüffelung und andere Überschreitungen auslösen. Dabei müsste doch die Erfahrung aus zwei Diktaturen zu besonderer Wachsamkeit gegenüber dem Staat sensibilisiert haben. »Der Staat darf nicht alles«, so lautet eine der zentralen Thesen des Freiburger Programms der FDP von 1971. Eine andere lautet: »Der Staat sind wir alle.« Dies ist das Bekenntnis zur Solidarität des Sozialstaates.

Die Grundrechte sind keine bloßen Absichtserklärungen. Sie können zum ersten Mal in der deutschen Geschichte auch von Individuen eingeklagt werden. Das Bundesverfassungsgericht »bringt die Verfassung zum Sprechen«. Es hat eine ganz wichtige Funktion dort, wo Politik Schwierigkeiten hat, die Verfassung zu interpretieren, in Neuland vorstößt oder gar die Verfassung verletzt. Die Tätigkeit des Gerichts ist eine Erfolgsgeschichte und hat wesentlich dazu beigetragen, den freiheitlichen Weg der Republik zu festigen. »Das Recht ist die Seele der Herrschaft«, sagte Spinoza. Erst recht in stürmischen Zeiten wie diesen.

CORONA UND DAS GRUNDGESETZ – DAS UNTERSCHÄTZTE GRUNDRECHT AUF LEBEN

Mit der Corona-Pandemie erleben wir gegenwärtig einen nie da gewesenen Belastungstest für unsere Demokratie. Um seine Bürger zu schützen, musste und muss der Staat empfindlich in die Grundrechte eingreifen. Bisher tat er das im Rahmen unseres Grundgesetzes. Grundrechte wie Versammlungsfreiheit und Freizügigkeit wurden zwar eingeschränkt, aber unter erlaubten und gebotenen Umständen. Grundrechte dürfen nur in ihrem Wesensgehalt nicht außer Kraft gesetzt werden. Natürlich kann in eine Wohnung eingedrungen werden, wenn von ihr eine bestimmte Gefahr ausgeht. Sogar ein Lauschangriff ist unter ganz engen Voraussetzungen möglich.

Die Menschenwürdegarantie allerdings ist nicht relativierbar. In der Politik hat ein Abwägungsprozess stattgefunden – bis heute: eine Orientierung am Grundrecht auf »Leben und körperliche Unversehrtheit«. Je größer die Gefahren für das Leben sind, desto stärker müssen die Freiheitseingriffe sein. Diesem Schutzauftrag kommt der Staat nach. Wir haben bewiesen, dass man – anders als in autoritären Regimen – die Seuche unter Bewahrung fundamentaler Freiheitsrechte erfolgreich bekämpfen kann. Dennoch gab und gibt es fragwürdige politische Einlassungen und Entscheidungen, die mich als Liberalen alarmieren.

Schon zu Anfang der Pandemie hat Bundestagspräsident Wolfgang Schäuble den Stellenwert des Lebensrechts zu schwächen versucht, als er sich gegen zu harte und zu lange Lockdown-Maßnahmen aussprach und das Grundrecht auf Leben, auf das sich alle Grundrechtseingriffe beziehen, relativierte. Dabei ist die Verfassung in dieser Hinsicht ganz klar. Es gilt, was ich 2008 zusammen mit Burkhard Hirsch in einer Verfassungsbeschwerde gegen das Luftsicherheitsgesetz formuliert habe: »Die Garantie des Wesensgehalts eines Grundrechts lässt eine Sonderregelung durch den einfachen Gesetzgeber nur beschränkt zu. Die Garantie ist selbst Teil der Verfassung, so dass die Grundrechte unter Berufung auf Sonderlagen oder Interessenabwägungen nicht in das Ermessen des Gesetzgebers gestellt sind. Das gilt insbesondere für das Recht auf Leben, weil der Schutz vor physischer Vernichtung grundsätzlich keine geringere Bedeutung hat als die Achtung der Menschenwürde. Die Begrenzung des Lebensrechts bedeutet immer den Tod.«

Das Bundesverfassungsgericht ist damals diesen Argumenten gefolgt und hat entschieden, dass der Wesensgehalt des Grundrechts auf Leben unangetastet bleiben müsse, da es innerhalb der grundgesetzlichen Ordnung einen »Höchstwert darstelle«. »Der Lebensschutz ist die vitale Basis der Menschenwürde«, so das Urteil. Das gilt auch in einer Pandemie. Bei einer sogenannten Triage, also der Entscheidung, wer behandelt werden soll, wenn es nicht genug Intensivbetten gibt, spielen diese Feststellungen ebenfalls eine Rolle. Menschenleben dürfen nicht gegeneinander aufgewogen werden. Von einem totalen Lebensschutz, wie Schäuble kritisiert, kann natürlich nicht die Rede sein. Den gibt es nicht – auch bei Lockdown-Eingriffen nicht. Es findet ja eine Abwägung statt, zum Beispiel Schulöffnung gegen Restaurantschließung.

Ich habe mich gefreut, als sich der Philosoph Jürgen Habermas in einem Gespräch mit dem Staatsrechtler Klaus Günther in der *ZEIT* nachdrücklich für die Orientierung am Lebensschutz eingesetzt hat. Er erklärte dort, »dass keiner Regelung zuzustimmen ist, die das Leben weniger um der Interessen aller anderen aufs Spiel setzt«. Ich habe ihm in einer persönlichen Mail unter Hinweis auf die Entscheidungen von Karlsruhe meine Zustimmung zum Ausdruck gebracht. In seiner Antwort wies er darauf hin, »dass ihn interessiere, ob die kantische Tradition des individualistisch-egalitären Universalismus dem starken Trend zum utilitaristischen oder Güter abwägenden Denken standhält«. Das interessiert mich auch. Noch scheint der letzte Damm zu halten.

AN DEN PARLAMENTEN VORBEI: MÄNGEL DES INFEKTIONSSCHUTZGESETZES

Die Grundrechtseingriffe während der Krise waren also insgesamt verfassungsfest – wo nicht, wurden sie von den Gerichten korrigiert, wie beim Versammlungsrecht. Ein Defizit jedoch ist spät und nur unzureichend beseitigt worden: die Mitwirkung der Parlamente. Es war gänzlich unverständlich, dass diese Forderung nach Parlamentsentscheidungen über Corona-Maßnahmen über Monate erhoben wurde, aber das Bundesparlament erst spät das Infektionsschutzgesetz konkretisiert und damit die infektiologische Generalklausel abgelöst hat. Der Bundestag hat sich auf den Weg gemacht hin zu einer verfassungskonformeren Lösung. Er hat die Parlamentsrechte gestärkt und die einzelnen Eindämmungsmaßnahmen festgelegt. Immerhin, aber das geht nicht so weit, wie es notwendig gewesen wäre.

Der Gesetzentwurf der FDP macht deutlich, was hätte getan werden müssen.

Ganz und gar unbegreiflich ist für mich, dass über die Rolle der Landesparlamente so gut wie gar nicht gesprochen wird. Es wurde schlicht nicht wahrgenommen, dass die eigentlichen Entscheidungen von den Ländern getroffen werden, zumal der Bundestag den Ländern einen großen Spielraum bei der Entscheidung über Grundrechtseingriffe eingeräumt hat. Auch Bundesgesetze werden bis auf ganz wenige Ausnahmen von den Ländern ausgeführt (Art. 83 GG). Nur sie haben vor Ort die Verwaltungsstrukturen, um Gesetze anzuwenden. Bezogen auf die Corona-Eindämmungspolitik bedeutet das: Der Bundestag muss abstrakt entscheiden, welche Werkzeuge überhaupt im Werkzeugkoffer der Seuchenbekämpfung genutzt werden können. Das hat er, wenn auch unzureichend, getan. Welche Werkzeuge zur Infektionseindämmung je nach Lage vor Ort konkret eingesetzt werden, das entscheiden allein die Länder. Jedes Land hat eine eigene Kompetenz. Wie wird der Schulunterricht im Einzelnen organisiert? Welche Spielstätten werden geschlossen? In welchem Zeitraum werden Restaurants unter welchen Bedingungen geschlossen oder geöffnet? Daran ändert nichts, dass sich die Länder mit dem Bund abstimmen. Sie sind im Rahmen des Bundesgesetzes frei, eigene Entscheidungen zu treffen. Das tun sie heute auf dem Verwaltungsweg. Das aber reicht eben nicht, um dem Anspruch parlamentarischer Mitwirkung gerecht zu werden.

Der Vorteil liegt auf der Hand: Entscheidungen der Parlamente stiften ein Mehr an Legitimation, weil sie unmittelbarer an den Souverän – das Volk – rückgekoppelt sind und die Opposition mit ihren Argumenten eingebunden wird. Die Parlamente sind auch handlungsfähig. Sie sind in der Lage, jederzeit zusammenzukommen. Die Diskussionsbasis würde erweitert und damit auch Verständnis und Akzeptanz, zumal wenn erkennbar wird, dass Eingriffe im Parlament gegeneinander abgewogen und möglicherweise sogar Verbesserungen eingebracht wurden. Mich bestürzt diese Selbstentmächtigung der Parlamente. Nur langsam besinnen sie sich auf ihre Verantwortung.

CORONA UND DIE FOLGEN

Deutschland hat vergleichsweise besonnen und zunächst erfolgreich auf die Herausforderungen der Pandemie reagiert. »So viel Wissen über unser Nichtwissen« (Habermas) stand am Anfang. Es gab und gibt empfindliche Eingriffe in Grundrechte. Man muss einzelne Maßnahmen und Versäumnisse durchaus kritisieren. Der Vorwurf aber, wir seien in einem totalitären Regime gelandet, ist einfach falsch und entschieden zurückzuweisen. Demonstrationen sind ein Ur-Recht der Demokratie. Wir müssen auch Andersdenkende, Wirrköpfe und sogar Verfassungsfeinde aushalten. Aber besorgniserregend ist es schon, wie viele abenteuerliche Verschwörungstheorien die Pandemie befeuert hat. Man fühlt sich ins Mittelalter versetzt, als derjenige auf dem Scheiterhaufen landete, der bestritt, dass sich die Erde um die Sonne dreht. Beunruhigend ist, wie rechtsextreme Systemverächter sich die Lage zunutze machen. Ich empfinde es als zynisch, dass ausgerechnet die, die unsere Verfassung sonst bekämpfen und verachten, sich zu ihrer Verteidigung aufschwingen – was diese gar nicht nötig hat. Ich habe kein Verständnis dafür, wenn Demokraten mit diesen Leuten gemeinsame Sache machen oder auch nur in ihre Nähe kommen.

Die Menschen trugen die schmerzlichen, aber notwendigen Maßnahmen bislang solidarisch mit. Diese umfassende und in der Pandemie unverzichtbare Daseinsvorsorge darf nicht darauf hinauslaufen, dass die Mentalität des stillen Mittragens sich allgemein auf künftige Entscheidungen ausdehnt, sozusagen in einem Gewöhnungsprozess. Risikovorsorge ja, aber kein totaler Risikoschutz. Ohne Risikobereitschaft keine Freiheit. Wir haben dafür ein negatives Beispiel in den USA: Nach den Anschlägen vom 11. September 2001 wurde der sogenannte

Patriot Act zur Grundlage der Terrorismusbekämpfung. Er schränkte die Freiheitsrechte stark ein und wurde später nur zum Teil revidiert. Er blieb, als die Gefahr nicht mehr bestand. Es darf nicht passieren, dass die ohnehin verbreitete Neigung, Freiheitseinschränkungen im Sicherheitsbereich kritiklos hinzunehmen, sich noch verstärkt.

Die große Mehrheit unserer Mitbürger ist jetzt in der Krise aber durchaus freiheitsbewusst. Sie spüren, was drastisch eingeschränkte Freiheit bedeutet. Sie haben sich aber auch verantwortungsbewusst gezeigt. Dennoch stellt sich die Frage: Was kann der Gesellschaft zugemutet werden, ohne dass der Konsens zerbricht?

Ich gehe davon aus, dass wir anders aus dieser Jahrhundertkrise herauskommen, als wir hineingegangen sind. Werden wir danach genauso leben wie vorher? Werden wir unser Leben möglicherweise entschleunigen? Unsere Ansprüche an die Wohlstandsgesellschaft werden wir wohl reduzieren müssen oder mindestens verändern, gezwungenermaßen oder aus eigener Einsicht. Wird der Zusammenhalt unserer Gesellschaft noch stärker bedroht sein? Wer sind die Corona-Verlierer, wer die Gewinner? Hat Andreas Reckwitz recht, wenn er sagt, dass »Aufstiegs- und Fortschritts- und das Immer-mehr-Versprechen« erscheint immer weniger realistisch? »Die Vorstellung, dass Fortschritt immer nur Gewinne bedeutet, hat sich diskreditiert. Es wird nicht mehr darum gehen, in der Zukunft das Beste zu erreichen, sondern das Schlimmste zu verhüten.« Ich neige zu dieser Ansicht.

INNERE SICHERHEIT VERSUS FREIHEIT

Besondere Bedrohungen erfordern besondere staatliche Maßnahmen. Wer aber entscheidet, was eine Bedrohung ist, und wie geht man gegen sie vor? In der Corona-Krise folgten die Regierenden dem Rat der Virologen, doch wie sieht es bei den Themen Kriminalität und Terrorismus aus? Hier gibt es immer noch den etwas abgeschwächten Mechanismus: Neue Tat, neue Gesetze.

Wir erleben zurzeit auch eine pervertierende Deutung des Begriffes »Rechtsstaat«. Viele nutzen ihn und meinen damit, dass der Staat gefälligst das geltende Recht durchsetzen muss. Das muss er ohne Zweifel. Bewusst ausgeblendet wird aber oft, dass der Staat dabei die Bürgerrechte wahren muss. Schutz durch den Staat ist geboten, aber auch Schutz *vor* dem Staat. Es ist also Vorsicht geboten, wenn jemand vorgibt, für den »Rechtsstaat« zu kämpfen, und dabei nicht die Bürgerrechte einschließt. Manche meinen damit eher einen »Law-and-Order-Staat«. Und der ist mit der Freiheit nur schlecht vereinbar.

Seit Jahrzehnten erleben wir eine sicherheitspolitische Aufrüstung. Die Freiheit ist in der Defensive. Sie stirbt scheibchenweise, gar nicht so spektakulär mit kleinen, eher unsichtbaren Einschränkungen. Dabei müsste doch die Beweislast bei denen liegen, die die Freiheit einschränken wollen, und nicht bei denen, die sie verteidigen. Dieser Prozess setzt sich immer weiter fort, angefeuert durch die neuen Kommunikationstechnologien.

Unser Land führt immer wieder heftige Debatten darüber, wie sich der Verfassungsstaat des Grundgesetzes gegen Bedrohungen wie Kriminalität und Terrorismus zur Wehr setzt. Und diese Bedrohungen gibt es: Terrorismus, gewalttätiger Extremismus, allgemeine Kriminalität mit der neuen Form der Clan-Kriminalität. Es besteht kein Zweifel daran, dass wir die Sicherheitsbehörden in die Lage versetzen müssen, allen Gefährdungen begegnen zu können. Die Bedrohungslage zwingt uns aber nicht dazu, die bewährten Strategien der Kriminalitätsbekämpfung aufzugeben und das Verhältnis zwischen Sicherheit und Freiheit im Sinne einer neuen »Sicherheitsarchitektur« immer wieder neu zu bestimmen. Inzwischen wurde der problematische, aber in engen Grenzen zulässige Zugriff des Staates auf die unverschlüsselte Computerkommunikation erweitert. Die sinnvolle Befristung von Antiterrormaßnahmen wurde aufgehoben. Die Auslandstätigkeit des BND wurde durch Karlsruhe zwar dem Grundgesetz unterworfen, aber es bleiben Lücken.

Als problematisch empfinde ich auch Maßnahmen, die schon bei einer vagen »drohenden Gefahr« eingeleitet werden. Maßnahmen, die

kriminalamtsgesetz das Niedersächsische Polizeigesetz, der Europäische Haftbefehl, das Zollfahndungsgesetz, die Cicero-Entscheidung in Sachen Meinungsfreiheit, Abhörmaßnahmen gegen einzelne Anwälte – etwa zwanzig Mal im Lauf der letzten Jahre hat das Bundesverfassungsgericht die Politik im Sicherheitsbereich korrigiert.

Ein gefährlicher Schub auf dem Weg in den Überwachungsstaat kam mit den Terroranschlägen vom 11. September 2001. Ralf Dahrendorf nahm die sicherheitspolitische Reaktion zum Anlass, davor zu warnen, dass »über lange Zeit, oft viele Jahrhunderte, erkämpfte und verteidigte Rechte zur Disposition gestellt werden«. Er spricht von dem »fast unbemerkten Verlust an liberalen Grundwerten«.

Nur stichwortartig sei erwähnt, was alles in diesem Zuge beschlossen wurde: erhöhte Strafdrohung, erleichterte Verhaftung, elektronische Belauschung, anlasslose Personenkontrolle, polizeiliche Recherchen im Vorfeld über ahnungslose Kontakt- und Begleitpersonen, anlasslose Rasterfahndungen (später revidiert), Telefonkontrollen mit den höchsten Steigerungsraten weltweit, Kontrolle der grenzüberschreitenden Telekommunikation, Ausdehnung der Zuständigkeit der Dienste, schleichender Abbau der Trennung zwischen Polizei und Verfassungsschutz; das Bankgeheimnis fiel weitgehend; die Pässe werden mit Fingerabdrücken und biometrischen Merkmalen ausgerüstet; das Auskunftsrecht der Dienste erweitert (nicht nur in Bezug auf den Terrorismus); gemeinsame Arbeitsdateien von Geheimdiensten und Polizei, deren Inhalt, Dauer und Zugang ohne parlamentarische Beteiligung allein von der Verwaltung bestimmt werden (jetzt wird auch von Karlsruhe eine gesetzliche Regelung gefordert); die Vorratsdatenspeicherung; das Zollfahndungsgesetz und schließlich jetzt der Versuch, auf den privaten Computer zuzugreifen, und, nicht zu vergessen, die Speicherung aller Fluggastdaten. Noch sind zwei unserer Beschwerden von Karlsruhe nicht behandelt: die zur Vorratsdatenspeicherung und die zur Ausdehnung der Computerdurchsuchung.

Ein Staat, der seinen Bürger so sehr misstraut, weckt seinerseits Misstrauen. Zu Recht, wie das Beispiel des Radikalenerlasses vor fünfzig Jahren zeigte. Er war von den Vorsitzenden aller Parteien vereinbart worden, um Extremisten – man dachte damals vor allem an Linksextremisten – vom Staatsdienst fernzuhalten. Er geriet zu einer Riesenschnüffelei mit einer sehr hohen Zahl von Beobachtungsdaten über junge Menschen, wenn sie in die Nähe von verfassungsfeindlichen Organisationen kamen. Durch die sogenannte Regelanfrage beim Verfassungsschutz wurden sie hinzugezogen vor Eintritt in den Staatsdienst.

Man kann sich heute gar nicht mehr vorstellen, wie sehr das Vertrauen eines Teils der jungen Generation in die Demokratie dadurch belastet war. »Mit diesem Vorgehen ist mehr Schaden angerichtet als Nutzen gestiftet worden«, habe ich seinerzeit im Bundestag der laut protestierenden Unionsfraktion entgegengerufen, als ich die Abschaffung der Regelanfrage begründete. Es gibt andere freiheitsschonende Mittel, um Extremisten vom Staatsdienst fernzuhalten.

Ich erwähne das auch, weil heute immer wieder Vorstöße in diese Richtung gemacht werden, auch bezogen auf Bereiche, die nicht sicherheitsrelevant sind. Bürger – auch Vereinigungen sind betroffen – sollen, ohne dass ein Anlass gegeben ist, ihre Verfassungstreue nachweisen. Soll der Verfassungsschutz künftig auch Kinder beobachten? Das hatte ich damals strikt ausgeschlossen.

DIE PRÄVENTIVE LOGIK: DER BÜRGER ALS RISIKOFAKTOR

Die Prävention hat eine doppelte Zielrichtung: einmal soll sie Täter von der Tat abhalten. Darüber mehr an anderer Stelle. Sie soll aber auch die Sicherheitsbehörden befähigen, präventiv einzugreifen. »Die präventive Logik«, sagt der Journalist Heribert Prantl, »ist expansiv«, und er fügt hinzu: »Wer vorbeugen will, weiß nie genug – und so verwandelt sich der Rechtsstaat in den Präventionsstaat.« Die Befürchtung einer allgemeinen Gefahr rechtfertigt keinen tiefgreifenden Grundrechtseingriff mit großer Streubreite – es bedarf konkreter Fakten.

Es ist nicht zu bestreiten, dass sich die Gesellschaft auf neue Bedrohungen einstellen muss.

Prävention ist wichtiger geworden. Dennoch wächst die Gefahr, dass ein »entgrenzter Präventionsstaat« entsteht. Mit zahlreichen neuen Maßnahmen, etwa mit der Speicherung der Daten auf Vorrat, zum Beispiel der Kommunikations- und Reisedaten, werden alle Bürger pauschal als Risikofaktoren behandelt. Warum werden unsere Fluggastdaten in Europa ausnahmslos gespeichert? Auch wenn gespeicherte Daten für sich genommen harmlos sein sollten – in Kombination mit anderen Daten können sie zu Persönlichkeitsprofilen zusammengefügt werden, die tief in die Privatheit eingreifen. Es kommt also auf die Nutzbarkeit und Verwendungsmöglichkeit von Daten an. »Es ist die Frage, ob der Mensch nunmehr als Summe seiner Daten interessiert oder weiter als Persönlichkeit mit Anspruch auf Privatheit begriffen wird«, sagt die frühere Richterin am Bundesverfassungsgericht Christine Hohmann-Dennhardt.

Es ist noch einmal zu betonen: Auch wenn die einzelne Maßnahme möglicherweise relativ harmlos erscheint, es ist die Summe aller Maßnahmen, die die Struktur unserer Gesellschaft zu verändern droht. Einiges ist sogar berechtigt, wenn es strikt eingegrenzt wird: die zunehmende Speicherung von Fingerabdrücken in den Pässen, um festzustellen, ob derjenige, der den Pass vorlegt, auch identisch ist mit demjenigen, auf den der Pass ausgestellt worden ist. Von dort ist es nicht mehr weit zur Einrichtung einer nationalen Fingerabdruckdatei, wenn man die Daten schon mal hat. Für die mehr als drei Millionen Ausländer in unserem Land soll eine solche schon eingerichtet werden. Eins kommt zum anderen. Bei den Mautdaten wurde uns gesagt: Sie sind für Abrechnungszwecke notwendig. Jetzt sollen sie helfen, Verbrechen aufzuklären. Das kann im Einzelfall nützlich sein, darf aber nicht zur generellen Speicherung aller Fahrzeugbewegungen führen. Der biometrische Code im Pass wird in Kürze mit den Videokameras kombiniert werden können, befürchte ich. Man wird sagen: Wir haben die Videokameras, wir haben die biometrischen Daten, also verbinden wir beides. Der Zugriff auf alle Großdateien der Sicherheitsbehörden, der Steuerbehörden, der Gesundheitsbehörden, der Arbeitsmarktagenturen und die Verbindung dieser Dateien wird zu verführerisch sein für die Sicherheitsbehörden, wenn nicht Widerstand geleistet wird.

DER ZWECK HEILIGT NICHT DIE MITTEL

Manche Hardliner bewegen sich heute noch beim Thema innere Sicherheit auf dem Weg des Staatsrechtlers Carl Schmitt, eines geistigen Wegbereiters des Nazi-Unrechtsstaates. Er legitimierte die Aufhebung wichtiger Elemente der Rechtsordnung und sagte: Um Recht zu schaffen, muss man nicht recht haben. Schmitt hat dem Staat das Kriegsrecht im Inneren eingeräumt. Wir sollten uns nicht auf den Weg zur Einführung eines Feindstrafrechts machen. Das Feindstrafrecht ist der Feind des Rechtstaates. 1978 im Zusammenhang mit der Bekämpfung des RAF-Terrorismus schrieb Jürgen Habermas: »Es besteht heute die Gefahr, dass Carl Schmitts Theorie der innerstaatlichen Feinderklärung zur Routine wird.«

Der Verfassungsrichter Udo di Fabio spricht von der »intellektuellen Lust am antizipierten Ausnahmezustand« und vom »Spiel mit dem Grenzfall«. Der Gesetzgeber müsse seine Entscheidungen durch deren »inhaltliche Vernünftigkeit selbst verantworten«, hielt Wolfgang Schäuble provokativ dem Bundesverfassungsgericht vor. Wenn er meint, der Staat müsse das »Menschenmögliche« tun, beachtet er die Grenzen nicht, die die Verfassung setzt. Menschenmöglich wäre auch die Folter, die er natürlich nicht befürwortet. Es darf keine Abstriche am Prinzip der Menschenwürde geben. Der Zweck rechtfertigt nicht jedes Mittel! Bei einer ernsten Bedrohungslage müssen die Sicherheitsbehörden das Notwendige tun, aber eben nach sorgfältiger Abwägung. Wir sind nicht im Ausnahmezustand und auch nicht im Krieg. Die Militarisierung des Lebens in den USA, die sich von der Politik des Gegners anstecken lässt, darf nicht unser Weg werden, so herausfordernd die Bedrohung auch sein mag.

Einer meiner Amtsnachfolger, Otto Schily, hat immer behauptet, es gäbe ein Grundrecht auf Innere Sicherheit. Das ist eine Erfindung. Sicherheit ist nur als Bedingung der Möglichkeit von Freiheit zu begreifen, nicht als Wert an sich. Der Frankfurter Jurist Erhard Denninger wies einmal darauf hin, dass in den Sicherheitsgesetzen, die Schily vorgelegt hat, das Wort »Terrorismus« 37 Mal, das Wort »Freiheit« kein einziges Mal vorkommt. Das sagt eigentlich alles.

Der Berliner Journalist Christian Bommarius beschäftigt sich mit der Serie von Sicherheitsgesetzen zur Kriminalitätsbekämpfung in allen Bereichen der Kriminalität und kommt zu dem Schluss: »Die Angst vor dem Verbrechen ist furchtbarer als das Verbrechen und gefährlicher als der Verbrecher, denn sie lässt sich nicht festnehmen, nicht anklagen, nicht verurteilen, nicht bestrafen.« Und: »Verglichen mit dem Aberglauben, dessen sich der neue Gesetzgeber bedient, waren die Abwehrriten des Volksglaubens Manifestationen der Rationalität. Der Glaube, die Gefahren der Risikogesellschaft ließen sich durch Kriminalisierung bezwingen, verrät weniger Realitätssinn als die Hoffnung, das Böse mit dem Blick zu töten.« Recht hat der Mann! Freiheit und Demokratie sind nur um den Preis eines Restrisikos zu haben. Die Menschen sollen durch Vorspiegelung unwirksamer Gegenmaßnahmen – oft Erhöhung des Strafmaßes – beruhigt werden, nachdem man sie vorher aufgeregt hatte. Sie sollen einer diffusen Terrorismusangst erliegen. Es wird ihnen verschwiegen, dass selbst in einem totalen Überwachungsstaat Risiken wie Terroranschläge nicht ausgeschaltet werden können.

Der Staat ist verantwortlich für unsere Sicherheit. Er ist an sich weder »gut« noch »böse«. Es ist in einer funktionierenden Demokratie die Aufgabe der Grundrechte, ihm klare Grenzen zu setzen. »Wir verteidigen die Freiheit vor allem, indem wir sie gebrauchen«, mahnte Carl Friedrich von Weizsäcker 1978, als es um die Auseinandersetzung mit der RAF ging.

SCHUTZ FÜR WHISTLEBLOWER

Das Eintreten für die Freiheit und die Grundrechte erfordert manchmal Mut. Zum Beispiel wenn dies den Interessen des Staats zuwiderläuft. Manch einer bezahlt diesen Mut mit hohen persönlichen Opfern, wie das Beispiel vieler Whistleblower zeigt. Umso verstörender ist, wie wenig Schutz und Anerkennung sie genießen. Eine relativ schwache europäische Regelung ist in Vorbereitung.

Edward Snowden hat uns 2013 über die weltweite Datenerfassung durch US-amerikanische und andere westliche Geheimdienste unterrichtet. Seitdem lebt er im russischen Exil. Das schockiert mich bis heute. Ich habe im Lauf der Jahre Reden bei öffentlichen Preisverleihungen an ihn und seine Mitstreiterinnen Laura Poitras und Glenn Greenwald gehalten. Snowden, den ich mehrfach in Moskau getroffen habe, hat der Menschheit die Augen für die Gefahren staatlicher Bespitzelung geöffnet – und das ganz uneigennützig. Er hat als einziger US-Geheimdienstmitarbeiter den Mut gehabt, unsere Werte zu verteidigen. Und wir haben aus Angst vor den USA nicht einmal den Mut, ihn in Deutschland aufzunehmen. Und dabei setzen sich Auslandsnachrichtendienste der Big Five, darunter die USA und Großbritannien, nach wie vor über unsere Rechtsordnung hinweg, wie Snowden es beschrieben hat.

Es besteht heute dringender Anlass, Whistleblower zu schützen und ihre gesellschaftliche Stellung zu stärken. Nur dann werden sich auch in Zukunft Informanten und Hinweisgeber ermutigt fühlen, für die Freiheit einzutreten. Ein herausragendes Beispiel ist Daniel Ellsberg, der 1971 mit der Enthüllung der »Pentagon Papers« maßgeblich zum Ende des Vietnamkriegs beigetragen hat. Als Mitorganisator des jährlich verliehenen Dresdner Friedenspreises habe ich mich für seine Auszeichnung im Jahr 2016 eingesetzt. Mit seinem Eintreten für die Freiheit war er ein Vorbild für Edward Snowden.

6

KULTUR UND FREIHEIT

DIE KULTUR STEHT STILL

Die Folgen der nun über ein Jahr andauernden Corona-Pandemie stecken der Kultur in den Knochen. Weite Bereiche des Kulturlebens wurden stillgelegt. Es wurde improvisiert, es wurde online gespielt, gesungen und getanzt. Das Publikum durfte in der Regel nur als Zaungast über Bildschirme anwesend sein. Den kulturellen Einrichtungen ging das Geld aus, und auch den Künstlerinnen und Künstlern, die von ihren Auftritten leben und diese zum Teil über Jahre im Voraus geplant hatten. Staatlich subventionierte Einrichtungen und deren Festangestellte kamen mit den Corona-Hilfsprogrammen einigermaßen über die Runden, obwohl auch sie Verluste hatten. Das gilt auch für die freien Veranstalter wie etwa die Clubs.

Die verletzlichste Gruppe jedoch sind die freischaffenden Künstlerinnen und Künstler. Sie zählen zu den sogenannten Solo-Selbstständigen. Man schätzt: Mehr als zwei Millionen Menschen in Deutschland gehören innerhalb des Kulturbereichs diesem Personenkreis an – neben den Künstlerinnen und Künstlern im engeren Sinn eben auch alle Menschen, die backstage arbeiten und auf unterschiedlichste Weise zum Gelingen eines kulturellen Ereignisses beitragen. Für sie – das wurde überraschend offenkundig – gab und gibt es kein spezifisches soziales Netz, sieht man von der allgemeinen gesetzlichen Arbeitslosenhilfe ab. Auch Personen mit befristeten Arbeitsverträgen gehören dazu. Die Mitgliedschaft in der Künstlersozialkasse bot in diesen Krisenzeichen keine Absicherung, denn die KSK kommt nicht für den Unterhalt auf. Deshalb waren spezielle Hilfsprogramme notwendig, auf Bundes- und auf Länderebene. Mit ihnen, vor allem mit den von uns nachdrücklich geforderten Stipendienprogrammen für Künstlerinnen und Künstler, konnte das Schlimmste verhindert werden.

Die Pandemie bot gleich zu Anfang Anlass für eine kulturpolitische Grundsatzdebatte. Wozu braucht das Land Kunst und Kultur? Welche Funktion hat sie für eine freie Gesellschaft? Die Antwort steht im Grundgesetz: Artikel 5 garantiert die Freiheit der Kunst. Das Bundesverfassungsgericht hat dieses Grundrecht konkretisiert: Der Staat hat die Freiheit der Kunst zu schützen, aber eben auch zu fördern – selbst dann, wenn nur eine Minderheit erreicht wird. Das ist das verbindliche »Staatsziel Kultur«. Im Zuge der Diskussion um die Corona-Hilfen hat der Bundestag im November 2020 schließlich festgestellt, dass alle Maßnahmen der besonderen Rolle der Kultur gerecht werden müssen. Konzert- und Theaterveranstaltungen sowie Museums- und Kinobesuche sind eben nicht beliebige Freizeitvergnügen, vergleichbar mit Disco- und Kneipenbesuchen. Kunst ist Ort der Demokratie. Eine freie Gesellschaft braucht die Impulse der Kunst. »Kunst ist eine Tochter der Freiheit«, sagte schon Friedrich Schiller.

Doch der Kunst drohen in Corona-Zeiten und vor allem für danach große Gefahren durch Einschränkung der Förderung. Die reiche Kulturlandschaft in Deutschland beruht auf einem öffentlichen Fördersystem und nicht, wie in den USA und in vielen anderen Ländern, auf einem steuerbegünstigten privaten Mäzenatentum. Im Gegensatz zu anderen Staatsaufgaben ist die Kulturförderung jedoch nicht gesetzlich festgelegt. Es sind sogenannte »freiwillige Leistungen«.

Corona hat in die öffentlichen Haushalte große finanzielle Löcher gerissen. Trotz der angesprochenen diversen »Rettungsschirme« ist jetzt schon abzusehen, dass vor allem die Kommunen, die in der Regel Hauptträger der Kultureinrichtungen sind, die Fördermittel kürzen werden. Viele Einrichtungen werden sich nicht wieder erholen können. Und da die Kulturhaushalte nur einen geringen Prozentsatz der öffentlichen Haushalte ausmachen – in Köln zum Beispiel, immerhin die viertgrößte Stadt Deutschlands, liegt er bei fünf Prozent –, wird der Schaden größer sein als der Nutzen.

Wie hoch der Schaden für die Kultur im Gesamten sein wird und ob sie sich ansatzweise erholen wird, wird man allerdings erst mit dem Ende der Pandemie sagen können.

DIE FREIHEIT DER KUNST

Es ist die Erfahrung der Nazizeit, die dieses Grundrecht geprägt hat: Artikel 5, die Kunst ist frei. Nie wieder soll der Staat sich anmaßen dürfen, Kunst als »entartet« zu bezeichnen, ihr Verbote aufzuerlegen, Künstlerinnen und Künstler zu verfolgen. 1822 sagte Heinrich Heine vorherseherisch: »Wo man Bücher verbrennt, verbrennt man am Ende auch Menschen« – einen Massenmord in Gaskammern aber konnte er sich damals wahrlich nicht vorstellen.

Die Freiheit der Kunst ist ein Lackmustest für den Zustand einer Demokratie. Kultur ist Lebenselixier, ihr Motor. Diktatoren wissen darum und schränken Kunstproduktion und Kunstausübung ein, wenn sie nicht staatlichen Vorgaben entsprechen. In der gesamten Kulturgeschichte gibt es dafür weltweit unzählige Beispiele. Aber auch heute sollten wir kritisch jegliche Einschränkung der Kulturausübung beobachten, nicht nur in Ländern wie Russland oder China.

Auch hierzulande ist die Freiheit der Kunst nicht unangefochten. Nicht wenige Menschen fühlen sich in der globalisierten Welt von heute verunsichert, sind ängstlich und gehen Verführern auf den Leim. Mit Sorge sehe ich Kampagnen von rechts, mit denen versucht wird, die Unsicherheit und Ängstlichkeit von Menschen für eigene Ziele zu instrumentalisieren und sich auch zum Sprachrohr eines dumpfen kunstfeindlichen Populismus machen. Man möchte auf künstlerische Inhalte Einfluss nehmen. Die Kunst solle einem »Neutralitätsgebot« unterworfen werden. Man könnte meinen, einige unserer Mitbürger stellen auch heute noch die Daseinsberechtigung für bestimmte Ausdrucksformen der Kunst infrage: Man solle diese bitte nicht auch noch fördern. »Kein Cent für politische Kunst«, stand etwa auf Transparenten vor dem Dresdner Schauspiel. Aber Kunst ist immer politisch, im weitesten Sinne. »Humanitas findet im Theater ihre Form«, schrieb Friedrich Schiller in seiner bedeutenden Schrift *Die Schaubühne als moralische Anstalt*.

Kunst und Kultur geben Orientierung, sind bisweilen anstößig und stoßen an, sind zukunftsorientiert und weltoffen. Völkische Heimattümelei – das ist nicht ihre Sache. Kunst in unserer Gesellschaft kann Brücken bauen auch zu anderen Kulturen. Sie ist ein Anker in den Stürmen der Politik. Kunst hat den Anspruch, die Umstände des Menschseins, die *condition humaine*, zu bereichern und zu verbessern. Kunst ist ein gärendes Ferment, das die Gesellschaft vor dem Stillstand bewahrt und sie zur ständigen Selbstreflexion zwingt. Kunst vermag die kreativen Fähigkeiten im Menschen zu wecken. Das meinte

Joseph Beuys mit seiner Aussage »Jeder Mensch ist ein Künstler«. All dies zu vermitteln – gegen alle Strömungen einer systematischen Verdummung – ist die herausragende Aufgabe einer zeitgemäßen und in die Zukunft gerichteten Kulturpolitik.

Gerade jetzt, in der Zeit von Corona-bedingten Einschränkungen, entdecken viele Menschen, wie sehr sie das gewohnte Kulturangebot vermissen und was Kunst und Kultur für ihr Leben bedeuten. Die teilweise hoch engagierten und künstlerisch interessanten Online-Angebote ersetzen eben nicht die knisternde Atmosphäre einer Konzert- oder Theateraufführung. Auch großes Kino, heruntergebrochen auf TV-Format, ist auf die Dauer nicht befriedigend. All diese Angebote kann ich heute zwar in einem beheizten Wohnzimmer erleben, aber ich erinnere mich unter diesen Umständen doch sehr intensiv an die düstere Nachkriegszeit in der Trümmerstadt Köln, an Konzertaufführungen in halb zerbombten, ungeheizten Konzertsälen, voll von Menschen, für die die Live-Aufführung etwa einer Beethoven-Sinfonie »Seelentrost« bedeutete. Aber gerade jetzt, in einer Zeit des Umbruchs und des Ungewissen, sollten die Möglichkeiten genutzt werden, um Menschen anspruchsvolle Kulturangebote angemessen zu vermitteln.

ZUKUNFT DER KULTURPOLITIK

Die Kulturförderung ist aufgerufen, dem Strukturwandel in der Gesellschaft nachzuspüren, in den urbanen Bereichen wie auch im ländlichen Raum. Neue Formen der Kunstvermittlung und der Kulturrezeption müssen erprobt, starre Grenzen zwischen Kultur- und Wirtschaftsförderung aufgehoben werden. Ein neues, insbesondere junges Publikum muss erschlossen werden. Ich widme mich dieser und anderen Aufgaben als Vorsitzender des Kulturrates NRW und in Zusammenarbeit mit anderen Organisationen sehr intensiv.

Seit meiner frühesten Jugend bin ich an allen Ausdrucksformen der Kunst stark interessiert. Kunst bereichert bis heute mein Leben. Ich bin neugierig, heute vor allem auf dem Feld der zeitgenössischen Musik und der Literatur. Von früh an war es eines meiner politischen Ziele, bei der Schaffung von Rahmenbedingungen mitzuwirken, unter denen Kunst und Kultur gedeihen können. Neben vielen anderen Aufgaben in der Gesellschaft war ich immer auch Kulturpolitiker: als Mitglied im Kölner Stadtrat, als Bundestagsabgeordneter, als Bundeskulturminister, der ich während meiner Zeit als Bundesinnenminister gleichzeitig auch war, und jetzt als Vorsitzender des Kulturrats NRW, in dem sich die Dachverbände aller Sparten der Kultur in NRW zusammengeschlossen haben. Gerne denke ich an meine Zeit als Aufsichtsratsvorsitzender des Suhrkamp Verlags zurück.

Wir Kulturverantwortlichen sollten den Anspruch erheben, dass Kunst und Kultur stärker aus der Corona-Krise herauskommen, als sie hineingegangen sind. Das ist ein ehrgeiziges Ziel. Manche werden sagen, es wäre schon gut, wenn wir das Niveau aus der Zeit vor der Pandemie halten könnten. Aber wir setzen im Zuge von Corona auch auf ein verändertes, deutlich gewachsenes Bewusstsein dafür, dass Kunst und Kultur für die weitere Entwicklung unserer Gesellschaft eine große Bedeutung haben. Das war lange nicht so – und so ließe sich der Krise wenigstens ein positiver Aspekt abgewinnen. Die reiche Kulturlandschaft in Deutschland darf nicht Opfer der Krise werden.

In der Krise hat sich gezeigt, wie wichtig der öffentlich-rechtliche Rundfunk mit seinen Verfassungsaufträgen Information, Bildung, Kultur ist. Nimmt er sie nicht wahr, verliert er seine Existenzgrundlage. Um nur den Kulturauftrag zu nennen: Er muss sich zukünftig noch stärker im Programm der Sendeanstalten abbilden. Ein Beispiel: Der Sport erscheint auf allen Kanälen. Die Kultur hingegen wird in der Regel in Spartenkanäle verschoben, wo sie das allgemeine Publikum nicht erreicht und somit für die meisten unsichtbar bleibt.

Zurzeit sind die öffentlichen Rundfunkanstalten großen Herausforderungen ausgesetzt. Sie müssen sparen. Sie haben immer mehr mit privaten Konkurrenten zu rechnen. Das sind neben den bekannten privaten Sendern eben auch

Netflix, Google oder Amazon und andere Phänomene der digitalen Zukunft. Unabhängig von der Finanzsituation haben sich die Sender endlich auf den Weg der Umsetzung schon lange diskutierter Strukturveränderungen zu machen. Ich bin der Meinung, dass an den Kernbereichen des öffentlichen Rundfunks unverändert festgehalten werden muss. Wenn Reformbedarf besteht, darf dies keinen Einfluss auf Substanz und Qualität haben. Quotenorientierte Verflachungstendenzen sehe ich mit Sorge. Also keine Kürzungen im Bereich Kultur, Bildung und Information. Das sind unverzichtbare Alleinstellungsmerkmale des öffentlich finanzierten Systems.

Aber bei aller Kritik: Gerade die Corona-Krise hat gezeigt, dass der öffentlich-rechtliche Rundfunk für unser demokratisches Gemeinwesen unverzichtbar ist. Die Rundfunkfreiheit ist im Grundgesetz garantiert. Auch die Politik, deren Einfluss in den Aufsichtsgremien der Sendeanstalten trotz mahnender Entscheidungen von Karlsruhe immer noch zu stark ist, sollte sie respektieren.

7
SCHAUT ÜBER DEN TELLERRAND

FREIHEIT KENNT KEINE GRENZEN

Die Corona-Krise hat das Bewusstsein, dass wir nicht mehr beherrschbaren Entwicklungen ausgesetzt sind, erheblich verstärkt. Ein unsichtbarer Gegner hat unser Leben, unsere Gesellschaften im Griff mit unabsehbaren Konsequenzen für viele Menschen. Was jedoch schnell klar wurde: Nationale Alleingänge können keine Lösung bringen. Die Pandemie machte internationale Kooperation zur Überlebensfrage. Mediziner und Unternehmer taten sich zusammen und entwickelten in Rekordzeit einen Impfstoff. Wie in einem Brennglas zeigte sich, wie wichtig es ist, über seinen eigenen Tellerrand zu schauen, um Krisen zu meistern und die Zukunft zu gestalten. Diese globale Perspektive ist auch in Fragen der Menschenrechte geboten, denn immer noch genießen viel zu wenige Menschen die Freiheit, ihr Leben so zu leben, wie sie es möchten, frei von Unterdrückung und Gefahr für Leib und Leben.

Viele Jahre meines Lebens habe ich der internationalen Menschenrechtspolitik gewidmet, viele Monate war ich in den Krisengebieten der Welt, in Afrika, in Asien, im Nahen Osten, unterwegs und habe mit Unterdrückern und Unterdrückten gesprochen. Ich habe an Resolutionen der Vereinten Nationen mitgewirkt und mich auch hier für eine aktive Rolle unseres Landes eingesetzt. Zum Beispiel forderten wir von deutschen Firmen in Südafrika, Apartheid in ihrer Arbeitswelt nicht länger zu dulden und Menschenrechtsverletzungen zu bekämpfen. Ich wusste mit meinen Erfahrungen als Deutscher, was ein Unrechtsstaat bedeutet. Ich wusste, was demokratische Freiheit bedeutet, und spürte eine Verpflichtung denen gegenüber, die sie nicht hatten.

Sechs Jahre lang war ich der Leiter der Deutschen Delegation in der Menschenrechtskommission der Vereinten Nationen, dem zentralen Gremium, das sich mit der weltweiten Menschenrechtssituation befasst. Anschließend war ich zwei Jahre lang der von der Generalversammlung der Vereinten Nationen gewählte Sonderberichterstatter für die Menschenrechtssituation im Sudan. Heute liegen meine Berichte über politische Unterdrückung und Völkermord dem Strafverfahren zugrunde, das gegen den damaligen Machthaber El-Bashir vor dem Internationalen Strafgerichtshof Den Haag in Gang gekommen ist. Er war 2019 endlich gestürzt worden. Die Sudanesen brachten damals eine Mehrheit gegen die Verlängerung meines Mandats zusammen. Unsere zunächst erfolgreichen Bemühungen, den unterdrückten Südsudanesen zu einem eigenen Staat zu verhelfen, endeten in blutigen Stammesfehden und Korruption. Ein Rückschlag, der mir wehtat. Erst langsam erholt sich das Land.

DIE WÜRDE DES MENSCHEN IST UNANTASTBAR

Am Anfang einer neuen Menschenrechtspolitik stand ein beispielloser historischer Akt. Die *Allgemeine Erklärung der Menschenrechte* der Vereinten Nationen von 1949 – im Grunde gehört das kleine Heft der Menschenrechtserklärung auf jeden Nachttisch. Sie war die Reaktion auf die Schrecken der ersten Hälfte des dunklen 20. Jahrhunderts. In der Präambel heißt es: »Die Verkennung und Missachtung der Menschenrechte hat zu Akten der Barbarei geführt, die das Gewissen der Menschheit tief verletzt haben.« Die Menschenrechte sollten durch die Herrschaft des Rechts gegen das Recht des Stärkeren geschützt werden – die bürgerlichen Rechte, aber als neuer Schwerpunkt auch die sozialen und wirtschaftlichen Rechte.

Artikel 1 der Erklärung lautet: »Alle Menschen sind frei und gleich an Würde und Rechten geboren.« Niemals zuvor hat es eine solche Selbstverpflichtung der Völkergemeinschaft gegeben. Sie folgt der Erkenntnis vom unvergleichlichen Wert eines jeden Menschen. »Die Menschenwürde bildet das Portal, durch das der egalitär-universalistische Gehalt der Moral ins Recht transportiert wird«, so erklärt Jürgen Habermas diese Konstellation.

Die Menschenrechte haben ihre Wurzeln in allen hochstehenden Kulturen und Religionen der Welt. Keine Kultur akzeptiert, dass Menschen zur Sicherung staatlicher Macht oder aus religiösen Motiven entwürdigt, gar gefoltert oder getötet werden. Überall in der Welt, in jedem Kulturkreis, in jeder Religion habe ich Menschen getroffen, die frei sein wollten, die so dachten und handelten wie ich. Ich fühle mich ihnen verbunden und wollte ihnen das Bewusstsein vermitteln, dass ich sie verstehe und dass ich alles in meinen bescheidenen Kräften Stehende tun würde, um ihnen zu helfen.

Die Menschenrechte stehen in der Tradition der Aufklärung, in der Tradition des »kantischen Projekts«. Kant zielte auf eine weltbürgerliche Verfassung, auf eine »Vereinigung aller Völker unter öffentlichen Gesetzen«. Das Völkerrecht entwickelte sich, wie Habermas es beschrieben hat, »vom Staatenrecht zum Recht der Weltbürger«. Es ist zum Recht der Individuen geworden. Und auch die Verantwortung auf der Täterseite hat sich differenziert. Es ist nicht allein die Verantwortung der Staaten. Sie wurde immer mehr in Richtung der Verantwortung der einzelnen handelnden Personen entwickelt, die sich jetzt zum Beispiel in Den Haag vor dem Internationalen Strafgerichtshof verantworten müssen oder auch vor einem deutschen Gericht in Koblenz als Verantwortliche für Verbrechen an der Zivilbevölkerung in Syrien.

Die Weltmenschenrechtskonferenz 1993 in Wien hat die Universalität und Unteilbarkeit der Menschenrechte, wie sie 1949 festgelegt worden war, mit einem einstimmigen Votum erneut bekräftigt. Die Funktion der Nichtregierungsorganisationen wurde ebenso gestärkt wie der notwendige Schutz für Frauen und Kinder. Der Weg zum Internationalen Strafgerichtshof und zu einem Hochkommissar für Menschenrechte wurde geebnet. Die wirtschaftlichen und sozialen Rechte gewannen an Bedeutung. Menschenrechte wurden immer stärker Teil des Völkerrechts. Die deutsche Delegation wurde von mir, die französische von Stéphan Hessel geleitet. Man wundert sich heute, dass die Ergebnisse einstimmig gebilligt wurden. Günstig war: Die Befreiung Osteuropas und der Zusammenbruch der Sowjetunion lagen nicht weit zurück, und ganz in der Nähe Wiens fanden die schrecklichen Auseinandersetzungen im ehemaligen Jugoslawien statt.

Heute kämen solche Ergebnisse nicht mehr ohne Weiteres zustande. Wie weit sind wir doch von Schillers Wort entfernt. Er sprach »von der rettenden Ehrfurcht des Menschen vor sich selbst«. Oft bleibt sie auf der Strecke.

AUSSENPOLITISCHE DIMENSION: VÖLKERRECHT VERPFLICHTET

Im Lauf der Jahrzehnte haben nahezu alle Staaten der Welt die wichtigsten Vereinbarungen des Völkerrechts zum Menschenrechtsschutz akzeptiert. Wer behauptet, es handele sich allein um Moral- und Wertvorstellungen des Westens, spielt den diktatorischen Regierungen in die Hände, die ihre Unterdrückungsmaßnahmen gern mit Hinweis auf kulturelle Unterschiede zu rechtfertigen suchen. Sicherlich gilt es, kulturelle Unterschiede zu beachten, am Kern der Menschenrechte darf jedoch nicht gerüttelt werden.

Menschenrechtspolitik bedeutet immer Einmischung. Die Menschenwürde in unserer Verfassung hat auch eine außenpolitische Dimension: In den internationalen Beziehungen sind die deutschen Politiker gemäß Artikel 1 angehalten, sich für die Menschenwürde einzusetzen. Das System der Vereinten Nationen liefert die völkerrechtlichen Grundlagen dazu. Wer das Gegenteil behauptet, verkennt die jahrzehntelange Praxis der UN. Es gibt kein Gebot der Nichteinmischung. Einmischung ist die Regel. Jede Stellungnahme zu Menschenrechtsverletzung ist gewollte Einmischung. Ja, wir mischen uns ein, wenn es um die Menschenrechtsverletzungen in China, in Russland, in Belarus, im Iran und an vielen anderen Orten geht.

In jeder seiner Sitzungen bewertet der Menschenrechtsrat der Vereinten Nationen in Genf die Menschenrechtssituation in einzelnen Staaten. Massiv ist die Einmischung durch den Sicherheitsrat mit über achtzig Friedensmissionen, darunter auch solchen mit robustem Mandat – also mit Waffengewalt – gegen den Willen der betroffenen Staaten. Einmischung bedeuten auch die Entscheidungen des Internationalen Strafgerichtshofes.

Bei den großen Menschenrechtskatastrophen in Ruanda, Kambodscha oder im früheren Jugoslawien (Srebrenica) kam die Einmischung gar nicht oder zu spät. In Libyen erfolgte die Intervention – durch Anwendung der neuen UN-Doktrin zur »Schutzverantwortung« – gerade noch rechtzeitig vor einem Massaker. Dann liefen die politischen Verhältnisse in diesem Land aus dem Ruder.

Mit dieser Doktrin, 2005 einstimmig von der Generalversammlung verabschiedet, übernimmt der Sicherheitsrat unter bestimmten Voraussetzungen den Schutz der Menschen – auch gegen die Regierung ihres eigenen Staates oder dort, wo es keine Staaten mehr gibt. Niemand wird leichtfertig für militärische Abenteuer eintreten. Doch die Politik der militärischen Zurückhaltung, wie sie mitunter vertreten wird, ist in bestimmten Situationen nicht durchzuhalten. In der geschundenen Provinz Darfur im Sudan ist die Bekämpfung des Hungers von etwa zwei Millionen Flüchtlingen seit Jahren nur unter dem Schutz einer bewaffneten Friedenstruppe möglich.

Besonders kompliziert und konfliktgeladen ist unser Verhältnis zur Türkei. Eine große Zahl türkischstämmiger Menschen lebt in Deutschland. Die Menschenrechtsverletzungen und die außenpolitische Aggression des Erdoğan-Regimes machen es schwer, Beziehungen aufrechtzuerhalten. Doch das muss Bestand haben, um noch einen gewissen Einfluss auf den NATO-Partner auszuüben, etwa bei der Aufnahme von Geflüchteten. Leider sind alle Bemühungen gescheitert, die Türkei enger an Europa zu binden.

Auch ich werde im Rahmen der Friedrich-Naumann-Stiftung Kontakte mit Oppositionellen in der Türkei aufnehmen. Mein 2009 erschienenes Buch *Rettet die Grundrechte* ist inzwischen auch ins Türkische übersetzt worden. Ich habe vor, dort Lesereisen zu machen.

MENSCHENRECHTE UND FRIEDENSSICHERUNG

Menschenrechte bestimmen die Beziehungen der Völker untereinander nicht allein. Am überzeugendsten wurde dies in der Schlussakte von Helsinki von 1975 erkennbar. Menschenrechtsschutz tritt hier gleichberechtigt an die Seite von Friedensbemühungen und wirtschaftlichen Beziehungen. Die Schlussakte gab der Freiheitsbewegung Solidarność in Polen Motivation, Schwung und Kraft. Sie war ein wichtiges Instrument bei der Auflösung der Diktaturen des Ostblocks.

Ich plädiere nicht dafür, die Gesprächs- und Verhandlungsprozesse mit den Menschenrechtsverletzern abreißen zu lassen. Klare Worte sind geboten, aber auch Diplomatie und eine den jeweiligen Verhältnissen angepasste Strategie. Als würdelos allerdings habe ich immer empfunden, wenn Demokraten sich verbiegen und eigene Grundüberzeugungen verleugnen in der Absicht, den diktatorischen Machthabern zu schmeicheln, etwa um ihrer Geschäftsinteressen willen.

Belehrende Arroganz ist in der Außenpolitik fehl am Platz. Oft sind eher Rat und Hilfe gefragt. Friedenssicherung liegt im wohlverstandenen Interesse unseres Landes. Sie ist aber ohne eine menschenrechtsorientierte Außenpolitik nicht zu erreichen. Das sehen einige der weltweit einflussreichen Außenpolitiker anders. Für sie sind bei ihren Strategien menschenrechtliche Belange hinderlich und störend. Sie suchen den, wie sie sagen, realpolitischen Ansatz. Oft haben die verspotteten »Gutmenschen« sich aber als die eigentlichen Realpolitiker erwiesen – und die Menschen lassen sich nicht mehr alles gefallen. Weltweit zunehmende Demonstrationen unterdrückter Bürger spiegeln diese Entwicklung wider. Und die Regime haben Angst vor den Bürgern und knüppeln sie nieder.

Oft wird mir entgegengehalten: Das ist ja beeindruckend, was Sie über die wachsende Bedeutung der Menschenrechtspolitik schreiben – aber wie sieht es in der Wirklichkeit aus? Ja, überall auf der Welt werden diese fundamentalen Rechte verletzt. Aber immer wieder setzen sich antiautoritäre Kräfte durch, die Bürger protestieren, die Übergriffe werden öffentlich, werden Thema der internationalen Politik – und dadurch auch verhindert. Die Menschenrechtsverteidiger in den NGOs fühlen sich ermutigt. Selbst in einer sonst funktionierenden Wertegemeinschaft, wie sie die Europäische Union ist, müssen Polen und Ungarn zur rechtsstaatlichen Ordnung gerufen werden. Die Menschenrechte sind als Querschnittsthema nationaler und internationaler Politik natürlich vielfach nicht auf den ersten Blick erfolgreich, aber sie sind Stachel im Fleisch der Täter und im Lauf der Jahrzehnte immer stärker geworden. Die Politik der Menschenrechte entfaltet eine globale Wirksamkeit.

DAS ASYLRECHT UND SEINE POLITISCHE INSTRUMENTALISIERUNG

Ich habe immer wieder miterlebt, wie Krieg, Unterdrückung und Armut zu Umständen führen können, aus denen es nur einen Ausweg gibt: Flucht. Ich selbst war Geflüchteter, als ich mit meiner Mutter aus dem brennenden Dresden kommend auf die Hilfsbereitschaft der Aufnahmefamilien in Tegernsee angewiesen war. Wir waren Geflüchtete im eigenen Land. Noch schwerer ist es für die, die aus anderen Ländern kommen. Wer also für die Menschenrechte weltweit eintritt, kann beim Thema Asyl nicht wegschauen. Denken wir nur an die prekären Lager auf den griechischen

Inseln. Das Wegschauen aber wird in unserem Land immer wieder praktiziert.

Unter dem Druck der zeitweise hohen Flüchtlingszahlen wurde 1993 das Grundgesetz geändert. Das Grundrecht wurde ausgehöhlt. Eigentlich kam es einer Abschaffung in der Verfassung gleich. Mein Freund Burkhard Hirsch und ich sowie eine Reihe anderer Abgeordnete stimmten dagegen. Hirsch begründete im Bundestag unsere Position. Wir wandten uns gegen die Quasi-Abschaffung des Asylrechts. Wer aus einem »sicheren Herkunftsland« kam, sollte keinen Anspruch auf Asyl haben. Deutschland ist nur von solchen Ländern umgeben. Man hatte dabei übersehen, dass es auch internationales Flüchtlingsrecht gab, das Vorrang hat. Dennoch: Im Lauf der Jahre entwickelte sich ein »Rechtsbruch-Mythos«, vornehmlich vertreten von der extremen Rechten und auch von Teilen der Union und der FDP. Die Aufnahme von Flüchtlingen durch unser Land sei ein Rechtsbruch. Das ist falsch. Die Rechtslage ist eindeutig. Wir haben es mit einem komplexen Zusammenspiel von europäischem und nationalem Recht zu tun. Eine Abweisung an den Grenzen ist dadurch ausgeschlossen. Dennoch wird sie propagiert und praktiziert.

Das Flüchtlingsproblem in der Europäischen Union ist nicht gelöst. Keine Demokratie der Welt hat offene Grenzen für jeden. Aber es darf keine »inhumanen« Grenzen geben. Der Schlüssel liegt in schnellen Verfahren und Abschiebungen. Das ist leichter gesagt als getan. Wir müssen die Herkunftsländer davon überzeugen, die Betroffenen zurückzunehmen, möglicherweise durch zusätzliche Anreize.

In die richtige Richtung weisen die Vorschläge des Migrationsforschers Gerald Knaus. Er schlägt – am Beispiel Syrien – nicht nur vor, die Hilfe vor Ort oder in Nachbarländern wie Türkei und Libanon weiter auszubauen. Interessant ist vor allem das von ihm propagierte Patenschaftsmodell, wie es Kanada praktiziert. Übertragen auf unser Land würde das bedeuten, dass jährlich 60 000 Flüchtlinge aufgenommen werden, davon 40 000 durch Patenschaften. Man sollte ernsthaft untersuchen, wie praktikabel ein solches Modell ist, das die Hilfsbereitschaft vieler Menschen und die Aufnahmefähigkeit unseres Landes in eine Beziehung setzt und dem Arbeitsmarkt zugutekommt. Eine Erinnerung: Als ich am Kabinettstisch von Helmut Schmidt bemerkte, Deutschland sei ein Einwanderungsland, stieß ich auf völliges Unverständnis.

FREIHEITSANKER EUROPA

»Europa ist unsere Zukunft, wir haben keine andere« – das war bis zu seinem Tod der ständige Appell von Hans-Dietrich Genscher. Nur mit einem starken Europa können wir uns in dieser Zeitenwende behaupten. Wer das immer noch nicht begriffen hat, dem ist nicht zu helfen.

Europa muss seine Interessen stärker vertreten und sich nicht durch das Einstimmigkeitsprinzip selbst lähmen. Auch das ist leichter gesagt als getan.

Wir brauchen einen neuen europäischen Vertrag, der der notwendigen Fortentwicklung der Europäischen Union Rechnung trägt. Die EU, sagt der Staatsrechtler Udo di Fabio, sei immer funktional gewesen und nicht final konstruiert. Heute säßen wir in der Konstruktionsfalle der »indirekten Staatswerdung«. Das heißt: Wir sind längst weiter auf dem Weg hin zu einem neuen Staatsgebilde, viel weiter, als die Verträge das bislang hergeben.

Nach dem Krieg war Europas Ziel die Versöhnung und der wirtschaftliche Aufbau. Jetzt geht es auch um die Selbstbehauptung in einer Welt, die uns zu erdrücken droht – und um Einflussnahme auf das Weltgeschehen auf der Basis unserer Werte. Eine neue Leidenschaft für Europa, so wie nach dem Krieg, ist das Gebot der Stunde. Kosmopolitische Probleme bedürfen kosmopolitischer Antworten. Die Flucht in die verklärte Geborgenheit eines vergangenen Nationalstaatenidylls, ein Zurück zum »Stammesfeuer«, das ist eine Sackgasse. Nach wie vor ist »Utopie« gefragt und nicht »Retrotopie«, wie sie Zygmunt Bauman in seinem letzten gleichnamigen Buch sorgenvoll beschreibt.

Der Brexit ist für beide Seiten eine Zäsur. Eine positive Folge: Europa besinnt sich stärker auf sich selbst und entwickelt neue Kräfte – das sollte die Konsequenz sein. Die Briten bleiben auch nach dem Ausstieg befreundete Europäer.

In unserem Land wird der Europagedanke von einer großen Mehrheit getragen. Ein »Weltwunder«, sagt Heribert Prantl, ist das Europaparlament: das einzige supranationale Parlament, das es auf der Welt gibt. Europa muss den Mut zu weiteren Integrationsschritten aufbringen – einer ist jetzt gerade unter dem Druck der Pandemie erfolgt. Der Wiederaufbaufonds ist ein wichtiger Schritt hin zu einer Wirtschafts- und Finanzunion. Er soll die Transformationen fördern. Er soll aber auch den Geboten einer Solidargemeinschaft Rechnung tragen. Die Starken stehen den Schwachen bei – und das auch in eigenem Interesse. Wenn es Europa gut geht, geht es auch uns gut.

UNSER VERHÄLTNIS ZU DEN ANDEREN

In der kürzlich in München gezeigten Ausstellung »Thomas Mann: Democracy will win« fand ich einen Satz von ihm aus dem Jahr 1941, der an die Wand des Oval Office gehört: »Not America first, but democracy first, is the slogan, which lead America to the first place in the world.« Es spricht vieles dafür, dass die Biden-Administration danach handelt. Die USA haben eine Verantwortung für die Freiheit in der Welt, wie wir auch. Bei aller Gespaltenheit sind sie eine funktionierende Demokratie – die Führungsmacht der westlichen Welt. Das bedeutet aber auch, dass Europa und Deutschland außenpolitische und militärische Verantwortung übernehmen müssen. Ich widerspreche gar nicht, dass Amerika seine eigenen Interessen verfolgt. Wir tun das ja auch. Ich sage aber, dass deren Interessen vielfach mit den unseren identisch sind. Amerika hat uns mit großen Opfern vom Naziregime befreit und uns geholfen, eine Demokratie aufzubauen. In unserer an Freiheit und Menschenwürde orientierten Gesellschaftsordnung stimmen wir mit den USA überein.

Ganz anders unser Verhältnis zu China: Seine Aggressivität auf allen Feldern von Politik und Wirtschaft, seine politische Einmischung in Europa, seine militärische Kraftmeierei im asiatischen Raum, seine Strategie, sich Zustimmung durch Geld und Investitionen auf Pump zu erkaufen, weckt starke Befürchtungen. Sie sind durch das neue Investitionsschutzabkommen mit der EU auf dem Feld der Wirtschaft gemildert, aber nicht aufgehoben worden. China respektiert die Menschenrechte nicht. Es überwacht und unterdrückt seine Bürger, beschränkt die Meinungsfreiheit und die Versammlungsfreiheit, missachtet Verträge, wie in Hongkong geschehen. China muss dem Gegengewicht einer zwischen Europa und den USA abgestimmten Politik ausgesetzt werden.

Unsere Beziehung zu Russland war lange geprägt durch eine kulturelle Affinität und durch gegenseitige Zugewandtheit. Sie hat auf zwischenmenschlicher Basis auch durch den fürchterlichen deutschen Angriffskrieg nicht gelitten. Die meisten Opfer des Krieges waren Russen, bis hin zur Schlacht um Berlin, wo noch im April 1945 mehr als 80 000 Russen ihr Leben verloren haben. Die Russen haben Berlin schließlich befreit, und sie waren entscheidend daran beteiligt, uns von den Nazis zu befreien. Als ich 1966 als Leiter einer liberalen Delegation zum ersten Mal in Russland war, habe ich keine Feindseligkeit gegenüber uns Deutschen wahrgenommen, wie sie damals noch in einigen westlichen Staaten zu spüren war.

Ich bin der Enkel eines Mannes, der in Charkow in der Ukraine geboren ist. Ich weiß nicht, ob er sich als Russe oder als Ukrainer gefühlt hat. Meine Mutter ist als Tochter dieses wohlhabenden Unternehmers in Moskau geboren. Sie floh in der Oktoberrevolution von 1917 mit ihren Eltern nach Berlin. Ich habe viele emotionale Bindungen zu den Russen, geprägt von meiner Mutter und von vielen Reisen nach Russland sowie durch den Austausch mit dem kommunistischen Jugendverband der Komsomolzen, als Minister, als juristischer Berater der russischen Luftfahrt im Auftrag der EU, als Rechtsvertreter der russischen Zwangsarbeiter. Bis vor Kurzem war ich unter Ägide der Friedrich-Naumann-Stiftung überall in Russland unterwegs und traf die Putin-kritische Zivilgesellschaft. Grundlage dieser Treffen war auch hier mein Buch *Rettet die Grundrechte*, das ins Russische wie auch für meine Reisen nach Georgien und in die Ukraine in die dortigen Sprachen übersetzt wurde.

Wie oft wurden meine Gesprächspartner bei Demonstrationen verhaftet und anschließend gefoltert und in Straflager verbracht! Ich weiß, welchen Mut Leute wie Alexej Nawalny aufbringen müssen, um Widerstand zu leisten. Diesen Mut bringen auch die Belarusen auf. Unsere Stiftung, die Gerhart und Renate Baum-Stiftung, hat ihren Menschenrechtspreis 2021 der mutigen belarusischen Freiheitskämpferin Maria Kolesnikowa verliehen.

In den letzten zwanzig Jahren haben sich die Beziehungen zu Russland leider verschlechtert. Russland hält sich nicht an die Vereinbarung der Helsinki-Staaten von 1990, indem es sich nach außen aggressiv gibt: in der Ostukraine, durch Besetzung der Krim, durch Parteinahme von Diktaturen wie in Syrien. Im Inneren wächst die Unterdrückung der Opposition. Es gibt keine freien Wahlen, keine umfassende Meinungsfreiheit, keine Versammlungsfreiheit, keine unabhängige Justiz: ein autoritärer Staat, in dem sich eine Führungsclique durch Unterdrückung auf Kosten des Volkes bereichert und Oppositionelle verfolgen und mutmaßlich vergiften lässt. Das kann nicht hingenommen werden. Aber auch wenn die Beziehungen schwieriger werden, sind sie letztlich unverzichtbar.

8
QUO VADIS, FDP?

DIE FDP UND ICH – EINE KOMPLIZIERTE BEZIEHUNG

Ich wollte und will kein Buch über die FDP schreiben, sondern ein Buch darüber, wie es mit der Freiheit heute steht, wie sie bedroht ist, wie sie verteidigt, wie sie gestärkt werden muss. Nun ist in meinen Augen eine liberale Partei, wie es die FDP ist, eine Freiheitspartei. Thomas Dehler, der meine politische Entwicklung in vielen Gesprächen gefördert hat, sagte mir einmal: »Die anderen Parteien sind auch liberal, mal da, mal dort. Wir sind es konsequent auf allen Feldern der Politik.« In diesem Kapitel will ich der Frage nachspüren, ob die FDP von heute diesen Anforderungen gerecht wird, und tue das auf der Basis meiner jahrzehntelangen Erfahrungen in dieser Partei und mit der Überzeugung, dass das Land eine liberale Partei braucht.

Ich bin – natürlich generationsbedingt – ganz anders geprägt als diejenigen, die heute in der FDP Verantwortung tragen, und möchte nicht in den Fehler verfallen, nostalgisch auf die guten alten Zeiten zu verweisen. Die Zeiten haben sich gewandelt – aber von meinen liberalen Grundüberzeugungen habe ich mich nie entfernt.

Ich war lange Zeit in politischen Ämtern, die ein hohes Engagement erforderten – allein zehn Jahre Kreisvorsitzender in Köln, Kommunalpolitiker, Bundespolitiker, vielfach bei Wahlen Kandidat auf aussichtsloser Position (ein sogenannter Zählkandidat). Ich war Bundesvorsitzender der Jugendorganisation der FDP, fast ein Vierteljahrhundert im Bundesvorstand der Partei, fast zehn Jahre deren stellvertretender Bundesvorsitzender – verantwortlich für viele Programmkommissionen der Partei: Kommunalpolitik, Medienpolitik, Umweltpolitik, Kulturpolitik.

Da stecken viel Lebensenergie und Lebenszeit drin – in den Erfolgen und in den Niederlagen. Aber ich bereue es nicht, diesen Weg gegangen zu sein – neben meinem Beruf als Rechtsanwalt. Ich bereue auch nicht, überhaupt in eine Partei eingetreten zu sein, denn früh konnte ich feststellen, dass man dort viel für das Gemeinwohl bewirken kann. Ich bin ein unbedingter Befürworter der repräsentativen Demokratie. Sie bringt unterschiedliche Interessen zum Ausgleich und eröffnet die Möglichkeit, Personen und Parteien für ihre Entscheidungen in Verantwortung zu nehmen – und notfalls abzuwählen.

Meine so intensive Bindung an die FDP erklärt auch meine mitunter deutliche Kritik. Ich äußere sie auch öffentlich, weil ich den Diskurs für ein Lebenselixier der Demokratie halte. Es gibt in jeder Partei Meinungsunterschiede, aber sie gewinnt an Vertrauen und Ansehen, wenn sie diese offen und fair austrägt. Jeder Parteitag ist ja öffentlich. Auch Kritik an Personen muss möglich sein. Meine Freunde und ich haben das ein Leben lang getan und auch ausgehalten, solange es keine diskriminierenden Züge annahm. Eine Führungsperson, die Kritik nicht erträgt und auch nicht zur Selbstkritik fähig ist, verschenkt eine wichtige Chance zur Profilierung. Das gilt nicht nur in der Politik. Ich denke, wer jetzt schweigt, der schadet der FDP, die schon einmal, nämlich 2013, sehenden Auges ohne Willen zur Korrektur in eine Wahlniederlage geschlittert ist.

Bei einer Reihe von FDP-Politikern gelte ich als Nestbeschmutzer, wenn ich zum Beispiel öffentlich anmahne, die Ursachen der Serie von Wahlniederlagen seit 2017 einmal selbstkritisch zu untersuchen. Neben vorausschauenden Umfragen interessieren mich natürlich Wahlergebnisse. Sind sie gut, so interessiert mich aber auch, ob sie mit einer meinen Vorstellungen von Liberalismus entsprechenden Politik gewonnen wurden. Es kursiert die Geschichte, dass es in der FDP-Bundestagsfraktion angesehener sei, ein Lob für Kemmerich zu vertreten, als mit Baum einen Kaffee zu trinken. Es gibt aber auch eine andere Geschichte, wie Burkhard Hirsch und Frau Leutheusser-Schnarrenberger sie ebenfalls erlebt haben oder erleben. Und die geht so: Auf der Straße, in der Bahn oder im Restaurant spricht mich jemand an und sagt: Als Sie und Ihre Freunde noch da waren, konnte man die FDP noch wählen. Das freut, aber schmerzt zugleich, denn ich möchte ja mit der FDP identifiziert werden.

Es gab in der FDP von ihrer Gründung an immer verschiedene Strömungen, schließlich haben sich Vertreter von zwei liberalen Parteien der Weimarer Republik zusammengetan – die Linksliberalen und die Nationalliberalen. Auch später gab es zwei Lager, die Wirtschaftsliberalen, repräsentiert von Otto Graf Lambsdorff, und die sozial orientierten Bürgerrechtsliberalen. Zwischen beiden Lagern herrschten keine unüberbrückbaren Gegensätze. Beide ergänzten sich. Jede Seite erreichte andere Wählergruppen, und man zog mit einem gemeinsamen Programm in den Wahlkampf. Alle Parteien vereinen in sich unterschiedliche Strömungen, die CDU etwa den Wirtschaftsrat der Union und die Arbeitnehmergruppe.

Als ich Anfang der Fünfzigerjahre die Nähe der FDP suchte und dann auch eingetreten bin, war diese Partei gespalten. Ein nationalliberales Programm (Deutsches Programm) stand einem liberalen Programm (Liberales Manifest) gegenüber. Die Manifestler setzten sich durch. Die FDP, vor allem die in NRW, war nach dem Krieg durchsetzt von Netzwerken alter Nazis. Wir wussten das, und unser Ziel war es, die Partei zu verändern. In der nächsten Phase von Mitte der Sechzigerjahre bis 1982 besann sich die Partei auf ihre liberalen Wurzeln. Sie wurde sozialliberale Reformpartei und kämpfte für eine Friedens- und Freiheitsordnung in deutlicher Ablehnung aller revanchistischen Tendenzen. Auf dieser Basis verfolgte sie eine Vertragspolitik mit dem Osten.

PROGRAMMATISCHE VERENGUNG

Der Richtungswechsel nahm seinen Anfang auf dem Kieler Parteitag im Jahr 1977, auf dem das von der sogenannten Perspektivkommission zunächst unter Werner Maihofers, dann unter meiner Leitung erarbeitete Konzept eines »Sozialen Liberalismus« verworfen wurde zugunsten wirtschaftsliberaler Thesen. Unser Konzept basierte auf den »Freiburger Thesen« und entwickelte sie in den Bereichen »Sozialer Rechtsstaat«, »Kulturstaat«, »Bürger, Staat und Gesellschaft«, »Datenschutz« in zahlreichen Unterkapiteln fort.

Dass diese Konzepte – Freiburg und Kiel – in der FDP-Politik langsam verblassten, war bis zum Ende der sozialliberalen Koalition zunächst nicht so stark erkennbar. Aber mit dem sogenannten Lambsdorff-Papier, das die Trennung von den Sozialdemokraten herbeiführen und besiegeln sollte, nahm die FDP 1982 dann endgültig Abschied vom Geist und Inhalt des Freiburger Programms von 1971, das einen Liberalismus auf der Basis sozialer Verantwortung propagierte. Dieses war meines Erachtens das gedanklich am besten fundierte Programm, das die Liberalen je hatten – ganz im Sinne der Aufklärung und Immanuel Kants, übertragen auf die moderne Gesellschaft. Karl-Hermann Flach, seinerzeit Generalsekretär, schrieb damals: Das Freiburger Programm »stellt den sozialistischen Lösungsmodellen seine These vom freiheitlichen Sozialstaat entgegen«. Darüber hinaus war es das erste Umweltprogramm der Republik.

Es lohnt sich heute noch nachzulesen, welche Positionen herausragende Vordenker eines sozialen Liberalismus wie Flach, Maihofer oder Dahrendorf unter den Vorsitzenden Scheel und Genscher dazu in den Siebzigerjahren vertreten haben. Ein wichtiges Ziel war die Reform, nicht die Abschaffung des Kapitalismus – was heute in Zeiten von Globalisierung, Monopolismus und wachsender Ungleichheit dringender denn je erscheint. Es war die Erkenntnis, dass Freiheit nur dann Bestand hat, wenn soziale Gerechtigkeit verwirklicht wird. Flach schrieb damals, »der liberale Gedanke war immer dann erfolgreich, wenn er mit Gedanken des politischen und sozialen Fortschritts verbunden war«.

Freiburg war kein linkes Programm von Träumern. Wir wussten schon, dass unser Partner, die SPD, andere Grundauffassungen hatte. Dennoch kamen in der Koalition wichtige Entscheidungen zustande. Unter Führung von Brandt und Scheel war es eine Reformkoalition – auf allen Feldern von Politik und Gesellschaft. Ein wichtiges Signal war die Einführung der überbetrieblichen Mitbestimmung, ein gemeinsamer Kraftakt, eine historische Entscheidung für die

Teilhabe der Arbeitnehmer an den Unternehmensentscheidungen. Sie wurde von den Liberalen nach heftigen innerparteilichen Diskussionen mitgestaltet und mitgetragen.

Das Freiburger Programm wurde Ende der Siebzigerjahre Stück für Stück zu den Akten gelegt. Diese Entwicklung hat in meinen Augen wesentlich zum Niedergang der FDP und zu ihrem Ansehensverlust bei liberal gesinnten Bürgern beigetragen. Den Koalitionsbruch von 1982, vor allem die Art, wie er praktiziert wurde, empfanden damals viele als Verrat am Wähler. Er führte zu einem Aderlass sozialliberaler Mitglieder und Sympathisanten. Dieser Braindrain wirkte lange nach – bis heute. Manchmal denke ich, er war gewollt. Eine neue Koalition hätte überzeugend begründet werden müssen, und zwar auch auf der Grundlage von Freiburg und nicht nur auf der des Lambsdorff-Papiers, in dem beispielsweise der Umweltschutz, den liberale Innenminister dreizehn Jahre lang zum Thema gemacht hatten, keine Rolle mehr spielte.

Für mich und meine Freunde in der FDP war der Koalitionsbruch eine bittere Niederlage. Wir verloren nicht nur unsere Ämter. Innerhalb der FDP waren wir schon deshalb geschwächt, weil viele unserer Mitstreiter die Partei verließen. Ich persönlich empfand es geradezu als Demütigung, dass mein heftigster Widersacher auf dem Feld der Bürgerrechte, der CSU-Politiker Friedrich Zimmermann, mein Nachfolger wurde. Wie konnte die FDP überhaupt auf dieses an

Kompetenzen so umfangreiche Ministerium – von der Kultur bis hin zum Umweltschutz, zum Sport, zum Datenschutz, zur Inneren Sicherheit – verzichten? Meine Partei verengte sich programmatisch. Sie ließ Antworten vermissen auf die großen Fragen unserer Zeit. Ihre auf Wirtschaftsthemen konzentrierte Programmatik, ihre intellektuelle Verarmung wurde zwar in der Folge zeitweise durch Wahlerfolge überdeckt. Die Partei verlor aber zunehmend an liberaler Substanz – und am Ende erreichte sie das eigentliche liberale Wählerpotenzial nicht mehr. Nach mehreren Jahren mit Umfrageergebnissen auf Bundesebene unter fünf Prozent kam im September 2013 die Stunde der Wahrheit: Eine programmatisch reduzierte und nicht zuletzt personell ausgedörrte Partei, die den Eindruck erweckte, sie beschäftige sich mehr mit sich selbst als mit den Sorgen der Bürger, brauchte und wollte die Republik nicht.

DER WIEDERAUFBAU MIT LINDNER UND DIE FEHLER DANACH

Christian Lindner zog damals aus dieser Niederlage die richtigen Schlüsse. Er erzeugte eine neue Aufbruchsstimmung und stellte die FDP auch thematisch wieder breiter auf, also nicht nur als Wirtschaftspartei. 2017 zog die FDP mit 10,7 Prozent wieder in den Bundestag ein. Das hat mich damals sehr gefreut, hatte ich doch Lindner auch schon zuvor bei der Landtagswahl in Nordrhein-

Westfalen im Frühjahr 2017 gemeinsam mit Hans-Dietrich Genscher und Klaus Kinkel kräftig unterstützt. Viele wählten damals zum ersten Mal FDP. Es wurde wieder etwas vom alten Feuer erkennbar. Aber der Wahlerfolg wurde leider nicht optimal genutzt. Meine Hoffnung, dass sozialliberale Politik, also eine an Bürgerrechten, sozialer Gerechtigkeit und Umweltschutz orientierte Politik, von der Partei wieder stärker vertreten wird, hat sich nur zum kleinen Teil erfüllt. Ab und zu blinkte die FDP sogar nach rechts, etwa in der Migrationspolitik. Das Hauptdefizit aber war: Die Partei hat sich den gärenden Diskussionen einer Gesellschaft im Umbruch lange nicht gestellt. Erst jetzt, Anfang 2021, wird eine neue Bewegung auch nach außen sichtbar.

Die FDP gewann bei der Bundestagswahl 2017 auch dazu, weil ihre Wähler sie stärken und in Regierungsverantwortung bringen wollten. Man wollte die Große Koalition nicht mehr. Diesem Auftrag hat sich die FDP verweigert. Mit der ausgeschlagenen Jamaika-Koalition wurde ein politischer Fehler gemacht, mit dem die Liberalen viel Kredit einbüßten. Die FDP steht seitdem am Rand des Spielfeldes, während andere handeln, gerade jetzt in diesen schwierigen Zeiten. Ihr Einfluss in einer Jamaika-Koalition mit vier Bundesministerien wäre dem Land zugutegekommen. Ein Ergebnis ist: Heute gelten die Grünen, die in den Jamaika-Verhandlungen noch deutlich hinter der FDP lagen, als regierungsfähig. Bei einer künftigen Jamaika-Koalition wäre die FDP vermutlich schwächer als 2017. Die schwankende Wählergunst für die FDP heute hat sicher mit dieser Fehlentscheidung zu tun.

Entscheidend aber war: Die Chance für eine tiefer angelegte Ortsbestimmung des Liberalismus in der Krise wurde nicht genutzt. Dafür hat manches Irritationen ausgelöst: der Eklat in Thüringen – der FDP-Politiker Thomas Kemmerich hatte sich bei der Landtagswahl 2020 mit den Stimmen der AfD zum thüringischen Ministerpräsidenten wählen lassen –, von dem die Partei sich nach anfänglicher Unsicherheit immerhin klar distanziert hat; eine auf einer falschen Rechtsbruch-These beruhende harte Anti-Merkel-Migrationspolitik; eine eher zurückhaltende Umweltpolitik, in der staatliche Lenkung auch dort zurückgewiesen wurde, wo sie unverzichtbar ist. Der Schutz der Bürgerrechte wurde zwar in der Fraktion mit wichtigen Initiativen behandelt, wurde aber kein prägendes Schwerpunktthema. Die Wirtschaftspolitik atmet immer noch die alte Marktradikalität. Auch als leidenschaftliche Europapartei tritt die FDP nicht in Erscheinung. Die Partei vermittelt mitunter den Eindruck, alles besser zu wissen als die anderen. Dieser Eindruck darf allerdings nicht so weit gehen, dass man die Brücken zur Regierungsfähigkeit einreißt. Die Gräben zwischen den Parteien dürfen nicht zu tief werden. Die Koalitionsmöglichkeiten sind ohnehin eingeengt.

Auch der Umgang mit der Pandemie war nicht immer glücklich. Mitunter gewann man den Eindruck, die FDP wolle mit Lockerungsforderungen bei den Betroffenen punkten, ohne Rücksicht auf die bedrohliche Lage. Merkels Kritik an einer »Öffnungsorgie« war im Nachherein gesehen wohl berechtigt. Im Ganzen gesehen hat die FDP aber zu Versäumnissen und Fehlentscheidungen der Regierungsparteien ihre Rolle als Oppositionspartei überzeugend wahrgenommen. Besonders überzeugend etwa war die Forderung nach einer Konkretisierung der gesetzlichen Ermächtigungen im Bundesrecht und nach einer Mitbeteiligung beziehungsweise Letztentscheidung durch die Parlamente sowie nach einem Impfgesetz. Das waren klare liberale Signale.

BLICK NACH VORN

Es besteht durchaus die Chance, im Wahljahr verloren gegangenes Vertrauen zurückzugewinnen. Die Teile der liberal gesinnten Wählerschaft, die sich abgewandt haben, müssen zurückgewonnen werden. Andere müssen dazugewonnen werden. Umfragen deuten darauf hin, dass sich das Profil der FDP-Wählerschaft nach rechts verschoben hat. Deshalb muss es eine klare Strategie geben, um wirklich überzeugte Liberale in den urbanen Milieus der Mitte ansprechen zu können. Viele von denen sind heute bei den Grünen. Es muss zu einem Punkt kommen, zu einer sichtbaren Zäsur, nach der mehr Liberale im

Land sagen: Nun kann man wieder die FDP wählen.

Die Partei müsste sich in Sachen Klima- und Umweltschutz stärker öffnen. Union und Grüne sind auf diesem Feld weiter. Die FDP müsste auch ihre Wirtschaftskompetenz ausbauen und vertiefen, und verlorenes Vertrauen in der Wirtschaft wiedergewinnen. Sie sollte sich auch nicht als »Wirtschaftliche Aufbauvereinigung« verzwergen. Eine Partei dieses Namens gab es übrigens nach dem Krieg. Sie verschwand bald wieder aus den Parlamenten. Liberalität ist eben mehr: Es ist eine unverwechselbare Kompetenz in Sachen Freiheit und Grundrechte.

Zu den notwendigen Veränderungen gehört auch eine andere Führungsstruktur. Es ist immer noch der Vorsitzende, der oft mit eigenwilligen Akzenten und mit seinem persönlichen Stil das Bild der FDP prägt. Pluralität ist gefragt. Zunächst richten sich die Erwartungen auf den neuen Regierungserfahrenen Generalsekretär Volker Wissing. Aber das reicht nicht. Viel mehr als bisher sollten politische Themen an überzeugenden Einzelpersonen festgemacht werden können. Es gibt doch kompetente Umweltpolitiker, Gesundheitspolitiker, Bürgerrechtler und Verteidigungspolitiker in der Bundestagsfraktion. Wenige sind allerdings in der Öffentlichkeit bekannt.

Die FDP braucht eine kreative Debattenkultur und Mut zu einer sichtbaren Pluralität der Meinungen. Über richtige Wege und um zukunftsweisende Lösungen sollte wieder – auch öffentlich – diskutiert werden. Nur dann kann man dem Wähler letztlich mit Geschlossenheit gegenübertreten. Auch ist es überhaupt nicht schädlich, wenn unterschiedliche Strömungen sichtbar werden. Ich plädiere für liberale Vielfalt.

FREIHEIT MIT LEBEN FÜLLEN: EMPATHISCHER LIBERALISMUS

Der Liberalismus in Deutschland muss sich den fundamentalen Veränderungen in unserer Gesellschaft stellen. Die Welt ist im Umbruch. Sie gerät aus den Fugen. Eine liberale Ortsbestimmung ist erforderlich. Tagespolitik ist natürlich wichtig, aber sie muss eingebunden werden in ein Konzept der Zukunftsperspektiven für die Freiheit. Wo ist sie gefährdet, wie muss sie sich entwickeln? Wie werden wir morgen leben, arbeiten, wohnen, Mobilität praktizieren, wie werden wir unseren Planeten schonen?

Am Anfang dieser Überlegungen steht für mich eine Grundeinsicht. Genscher drückte das immer ganz einfach aus: »Der Mensch lebt nicht vom Brot allein.« Das heißt, er hat auch andere Bedürfnisse als seine materiellen Lebensverhältnisse. Für mich ist es die entscheidende Einsicht, dass Themen wie Gerechtigkeit, sozialer Zusammenhalt, ein Leben im Einklang mit der Natur, Humanität und Frieden für viele Menschen wichtiger geworden sind. Wichtiger auch deshalb, weil Unsicherheit und Angst zugenommen haben. Die Menschen spüren, es gibt Entwicklungen, die sich der Kontrolle entziehen. Sie suchen nach Personen, denen sie vertrauen können, die ihre Situation verstehen, die ihnen Orientierung geben. Sie erwarten mit einem Wort »empathische Politik« und nicht nur kühle Rationalität marktwirtschaftlicher oder steuerpolitischer Modelle. Ein »Wärmestrom« muss von den Politikern ausgehen, wie es der unvergessene Journalist Jürgen Leinemann einmal ausgedrückt hat.

Nach Corona müssen wir unser Land nicht »neu gründen«, aber wir müssen dafür sorgen, dass wirtschaftliche Erholung gefördert und nicht behindert wird. Da gibt es sicher Reformbedarf, und die FDP sollte ihre marktwirtschaftliche Kompetenz ins Spiel bringen. Aber sie ist keine einseitige Interessenvertreterin der deutschen Wirtschaft, kein Zusammenschluss von Unternehmen wie etwa der Bundesverband der Deutschen Industrie. Sie muss den Blick auf die ganze Gesellschaft richten – mit einem Wort: soziale Verantwortung übernehmen, Verantwortung für Werte, die unsere Gesellschaft zusammenhalten.

Die FDP verteidigt die Markwirtschaft. Glaubwürdig ist sie damit nur, wenn sie auch kritisiert, wo die Schwächen dieser Wirtschaftsordnung liegen. Doch dazu hört man wenig. Es ist einiges aus dem Ruder gelaufen bei dem real existierenden Kapitalismus – weltweit. Die Finanzmärkte sind schwer zu kontrollieren. Der Wohlstandsgewinn kommt nicht allen Menschen gleichermaßen zugute. Es gibt Globalisierungsgewinner und Globalisierungsverlierer. Die »soziale Frage wird zu einer Herausforderung der Freiheit«, schrieb Ralf Dahrendorf in kluger Voraussicht auf das neue Jahrhundert. Vor fünfzig Jahren beschlossen die Liberalen ihr Freiburger Programm. Darin heißt es: »Freiheit findet nicht im Eigentum seine Begründung, sondern das Eigentum findet in der Freiheit seine Begründung.« Eigentum ist »Mittel zum Zweck der Wahrung und Mehrung menschlicher Freiheit, nicht Selbstzweck«. Das sollte auch heute Leitlinie ihrer Wirtschaftspolitik sein.

Ich übe Kritik an den Auswüchsen des Kapitalismus. An meinen Grundüberzeugungen möchte ich bei aller Kritik allerdings keinen Zweifel lassen: Eine liberale Wirtschaftspolitik, die im Kern darauf abzielt, den Marktteilnehmern faire Chancen einzuräumen und sie von unnötigen bürokratischen Lasten zu befreien, um Wettbewerbsfähigkeit und Wachstum zu ermöglichen, steht für mich außer Frage. Das ist ein Markenkern der Liberalen – unter den genannten Voraussetzungen. Ich unterstütze auch alle vernünftigen Initiativen, die der Gründerszene im Land den Boden bereiten. Aber ich möchte, dass sich diese Politik an Werten orientiert und sich nicht reiner Gewinnorientierung unterwirft. Dazu gehört ein Bildungssystem, das allen – unabhängig von Herkunft und wirtschaftlicher Situation der Eltern – Aufstiegschancen verschafft. Wie formulierte John F. Kennedy treffend: »Es gibt nur eins, was auf Dauer teurer ist als Bildung: keine Bildung!« Auch das war damals, vor fünfzig Jahren, ein Schwerpunkt liberaler Politik. Auch in der heutigen FDP hat dieses Ziel erfreulicherweise Priorität. Aber es ist noch nicht erreicht.

Einer der Gründe ist die ungleiche Einkommens- und Vermögenssituation. Die reichsten zehn Prozent der Deutschen verfügten 2019 nach Schätzungen des Deutschen Instituts für Wirtschaftsforschung über mehr als sechzig Prozent des nationalen Gesamtvermögens. Um es noch weiter zuzuspitzen: 0,1 Prozent der Superreichen halten circa 23 Prozent des Gesamtvermögens in der Hand. Diese Zahlen sind Fakten. Die Reichen wurden in den letzten Jahren, trotz Finanzkrise, immer reicher, ihre Vermögen stiegen exorbitant. Wo bleiben liberale Modelle, die ungleiche Vermögensverteilung zu mindern? Im Freiburger Programm finden sich Lösungsmodelle, zum Beispiel die Abschöpfung von Gewinnen bei Bodenspekulation oder Genossenschaftsmodelle. Im Lauf der Jahre wurde dieses Problem von den Liberalen immer wieder diskutiert – aber ohne Ergebnis. Die Erbschaftssteuer ist ein Hebel. Das Urteil des Bundesverfassungsgerichts ist nur zögernd und unzureichend umgesetzt worden. Auch die FDP zögerte. Das ist ein Versäumnis. Das Thema muss wieder aufgenommen werden. Die Vermögenssteuer ist keine Lösung.

Eine kalte materielle Orientierung am Markt und an Klientelgruppen kann nicht Sache der Liberalen sein. Der soziale Liberalismus muss einen sichtbaren Stellenwert in der liberalen Politik haben. Nennen wir das heute am besten »empathischen Liberalismus«. Lindner sprach früher vom »mitfühlenden Liberalismus«. Werner Maihofer sprach gern von der »Brüderlichkeit«. Heute würde man das wohl »Geschwisterlichkeit« nennen. Ungleichheiten bei der Verteilung sind unvermeidbar. John Rawls akzeptiert in seiner wegweisenden »Theorie der Gerechtigkeit« von 1971 »allerdings nur solche Ungleichheiten, die die Produktivität der ganzen Gesellschaft befördern und so die Lage derjenigen verbessern, die es am schlechtesten haben«. Das ist die Messlatte! Alle müssen vom Zuwachs etwas haben, sonst gibt es Unruhe in der Gesellschaft.

Die soziale Marktwirtschaft ist von Ludwig Erhard ethisch fundiert worden. Diese am Gemeinwohl orientierte Ethik hat heute Schaden genommen. Führungspersonen, die Macht und Einfluss haben, erfüllen ihre Vorbildfunktion nicht. Wie lässt sich plausibel erklären, dass ein Vorstandsvorsitzender im Vergleich zu den Beschäftigten oder zum Spitzenpersonal in der Politik eine monströs hohe Vergütung und oft noch eine Abfindung erhält, selbst wenn er versagt hat? Das ist unanständig. Gier hat sich breitgemacht. Automobilfirmen werden wegen betrügerischer Werbung zur Rechenschaft gezogen. Sie haben die eigenen Kunden geschädigt und wollen sich immer noch aus der Verantwortung stehlen. Banken und renommierte Anwaltskanzleien haben geholfen, mit CumEx-Geschäften den Staat zu betrügen. Hierzu erwarte ich die mahnende Stimme der Liberalen.

Hinzu kommt der zunehmende Einfluss von großen international operierenden Investitionsfonds. Sie fordern den Verantwortlichen in den Firmen nicht selten eine rigorose Gewinnorientierung ab. Demgegenüber sind Eigentumsunternehmer, die oft das volle Risiko tragen, in der Regel immer auch am sozialen Ausgleich orientiert und am Gemeinwohl der Region, in der sie tätig sind. Und genau diese Haltung hat zum erfolgreichen Wirtschaftsmodell der Sozialen Marktwirtschaft nach dem Krieg wesentlich beigetragen.

Ich plädiere also dafür, den »sozialen Liberalismus« wiederzubeleben – oder auch den »empathischen Liberalismus«. Diese Überzeugung hat die Nachkriegs-FDP lange Jahre geprägt. Ich plädiere als alter Mann nicht für träumerische Nostalgie. Aber sozialer Liberalismus, gerade heute, wo so vieles unsicher geworden ist, ist eine Leitlinie für liberale Politik.

Frank Schirrmacher äußerte sich einmal in Richtung Babyboom-Generation: »Sie hatten keine Ideen, sie hatten den Markt und sonst nichts.« Es ist eben ein Irrtum, dass zwischen persönlichem Vorteil und allgemeinem Wohl ein selbstverständlicher Einklang bestünde. Unser Gemeinwesen beruht auf einer Kultur des Zusammenlebens in gegenseitigem Respekt, die auch von Bescheidenheit geprägt ist und nicht von Maßlosigkeit. Gerechtigkeit, wie wir sie heute verstehen, ist nicht nur eine Tugend der Einzelnen, sondern eine Tugend gesellschaftlicher Institutionen. Gerechtigkeit leitet sich vom Gedanken der menschlichen Würde ab, auf der unser gesamtes Zusammenleben beruht. Hoffentlich führt Corona dazu, dass diese Einsicht unser Leben künftig stärker bestimmt.

UMWELTSCHUTZ ALS FREIHEITSTHEMA

Man muss kein Alarmist sein, um von der fortschreitenden Umweltzerstörung und der steigenden Erderwärmung beunruhigt zu sein. Das 21. Jahrhundert wird ganz im Zeichen dieser sich langsam, aber unaufhaltsam vollziehenden Entwicklung stehen. Klar ist auch: Unsere Politik heute wird der Maßstab sein, an dem uns nachfolgende Generationen messen werden. Haben wir genug getan? Haben wir rechtzeitig die richtigen Maßnahmen getroffen? Welche gesellschaftlichen Verwerfungen wird der sich zuspitzende Klimawandel womöglich auslösen, welche internationalen Krisen und Flüchtlingsbewegungen? Spätestens hier wird die liberale Dimension der Umweltkrise greifbar: Umweltschutz ist ein Freiheitsthema!

Umso mehr erfüllt es mich heute noch mit Zorn, dass eine Jahrhundertaufgabe trotz frühzeitiger Erkenntnis und tatkräftigem Regierungshandeln nicht kontinuierlich zu einem Politikfeld der Liberalen geworden ist. Genscher war der erste Umweltminister der Republik, Maihofer und ich folgten. Alle Grundlagen des Umweltschutzes mit den maßgebenden Gesetzen und Einrichtungen wurden damals geschaffen. Inspirator und Ideengeber war Peter Menke-Glückert, Ministerialdirektor im Innenministerium.

Vor fünfzig Jahren, im Oktober 1971, haben die Liberalen im Freiburger Programm vor der Zerstörung und Übernutzung der Naturgrundlagen gewarnt. Es war das erste Umweltprogramm einer deutschen Partei. »Umweltschutz hat Vorrang vor Gewinnstreben und persönlichem Nutzen«, hieß es darin. Und: »Zu den unabdingbaren Menschenrechten gehört das Recht auf eine Umwelt in bestem Zustand.« Wir waren damals schon der Meinung, die Leistungskraft unserer Volkswirtschaft werde in Zukunft danach beurteilt, ob es gelingt, mit marktgerechten Mitteln umweltfreundliche Verfahren und Produkte durchzusetzen. Weitere Forderungen waren: Umweltschädigung sei wie Brandstiftung zu den gemeingefährlichen Straftatbeständen zu rechnen; Fahrzeuge mit abgasarmem Antrieb müssten Steuerfreiheit erhalten; Umweltschutz sei eine internationale Aufgabe. Es bedürfe internationaler Konventionen; die Agrarwirtschaft sei auf umweltfreundliche Verfahren und Produktionen hin zu orientieren.

Daran müssen wir heute anknüpfen. Es ist nicht wehmutsvolle Nostalgie, wenn wir uns erinnern. Erinnern ist hier Grundlage für einen neuen Aufbruch. Es ist richtig, Umweltschutz nicht losgelöst von wirtschaftlichem Wachstum voranzutreiben. Auch der Klimaschutz muss finanziert werden. Das Argument aber, Umweltschutz behindere Wirtschaftswachstum, ist längst widerlegt. Er ist eine der Voraussetzungen für Wachstum, für nachhaltig verstandenes Wachstum. Und das Wort von Lindner, »Innovation statt Regelungen«, ist falsch. Umweltschutz bedarf der Regeln – wo wären wir, wenn es nicht Abgasregelungen geben würde. Regeln bewirken Innovation. Die Energie der jungen Umweltaktivisten von Fridays for Future sollten wir nutzen, statt an einzelnen ihrer Forderungen, die nicht unbedingt zielführend sein mögen, herumzumäkeln. Die Richtung stimmt.

Liberale haben auf der Basis ihrer Tradition einen eigenen Zugang zum Thema Umweltschutz – auch im Unterschied zu den Grünen. Auf dem von den Grünen subventionierten Energiemarkt blieb mitunter die Wirtschaftlichkeit derart auf der Stecke – etwa, dass Strom teuer wurde, ohne wirkliche Notwendigkeit, um erneuerbare Energien zu fördern. Der wachsende Anteil erneuerbarer Energien ist allerdings ein großer Fortschritt. Diese Feststellung möchte man gern auch öfter von Liberalen hören.

Schon damals war das Auto ein Thema. Wie wurde ich angegriffen, als ich 1980 das Auto als

»Umweltfeind Nr. 1« kritisierte. Die *Süddeutsche Zeitung* veröffentlichte seinerzeit eine Karikatur über mich, stehend auf einem Autodach, von Abgaswolken eingehüllt, ein Transparent in die Höhe haltend mit der Aufschrift »Rettet unsere Städte jetzt«. 2013 schrieb ich im *Handelsblatt* einen Gastbeitrag unter dem Titel »Wir müssen das Auto neu denken«. Heute würde ich das Thema erweitern: »Wir müssen Mobilität neu denken«. Der Vorschlag, den ich vor einem Jahr der FDP gemacht hatte, einen Kongress zu diesem Thema zu veranstalten, wurde nicht aufgegriffen. Mir ist unverständlich, dass die FDP einer Automobilindustrie, die die Zukunft verschlafen hat, Verständnis entgegenbringt. Einer Branche mit Vorerkrankungen! Unverständlich auch die Kampagne gegen den Elektroantrieb. Wo bleibt die Parteinahme für die Millionen geschädigter Autokäufer? Eine Erinnerung: Im Januar 1979 habe ich eine Regierungserklärung zur notwendigen Entsorgung der atomaren Brennelemente abgegeben. Bis heute haben die damals von mir geforderten Länder nicht über einen Standort entschieden.

WEGE IN DIE ZUKUNFT

Ist die FDP aus der Zeit gefallen? Sie ist es, wenn sie ihr Bild vom Staat nicht endlich revidiert. Unser modernes Staatsverständnis ist von der Einsicht geprägt, dass der Staat auch eine schützende und eine gestaltende Funktion hat. Verbraucherschutz, Zivilschutz, Gesundheitsschutz, Anlegerschutz, Katastrophenschutz. Schon diese Schutzbereiche sprechen für sich. Unsere Gesellschaft benötigt auch gut ausgebaute, staatsfinanzierte Infrastrukturen. Ich meine zudem, dass man die Menschen missachtet, wenn man ihnen unterstellt, sie hätten in Corona-Zeiten ihr Freiheitsbewusstsein aufgegeben. Sie sind verantwortungsbewusst, aber nach wie vor freiheitsbewusst. Ich bin allerdings bei denen, die aufmerksam verfolgen werden, ob sich nicht doch ein neues Sicherheitsdenken einschleicht. Fazit: Die FDP braucht ein neues Leitbild vom Staat. Diffuser Staatskeptizismus führt nicht in die Zukunft.

Die FDP fällt auch aus der Zeit, wenn sie sich gegen den Zeitgeist wehrt, als wäre er linke Spinnerei. Das haben wir in der Geschichte schon oft erlebt. Auch das Frauenwahlrecht wurde so gesehen. In Wahrheit ist der Zeitgeist meist auf der Seite des Fortschritts. Er stellt sich der Realität. Wenn die FDP sich verweigert, hat sie keinen Einfluss auf die Entscheidungen. Fazit: Es darf keine Tabuthemen geben unter Hinweis auf den abzulehnenden Zeitgeist. Das gilt auch für das Thema »Gleichberechtigung«. Ich erlebe seit Jahrzehnten diese Diskussionen in der FDP. Bis heute gilt das Argument: Es geht auch ohne Quote. Nein, es geht nichts ohne Quote, wie auch immer sie ausgestaltet sein mag, das wurde in den vergangenen Jahrzehnten doch überdeutlich.

Die FDP muss erkennen, dass die Spätmoderne vorbei ist. Ich folge dem Soziologen Andreas Reckwitz. Sie war, wie er sagt, »eine Epoche der Entgrenzung, und die Politik hat diesen Prozess über mehrere Jahrzehnte im Sinne eines Dynamisierungsliberalismus flankiert«. Das sei lange Zeit richtig gewesen, um der gesellschaftlichen Entwicklung einen zusätzlichen Schub zu geben. Doch nun, so seine Analyse, verdichteten sich die Indizien, dass hoch dynamisierte Gesellschaften eines Staates bedürfen, der nicht noch weiter mobilisiert und beschleunigt, sondern stabilisiert und reguliert. Das sehe ich auch so. Aber auch hier muss gelten: im Zweifel für die Freiheit.

Zudem muss sich die FDP, wie ich meine, mehr einer neuen Gesellschaftsgruppe – Reckwitz identifiziert sie als die »neue Mittelklasse« – öffnen. Diese steht für den gesellschaftlichen Fortschritt in all seinen Wandlungsprozessen. Sie ist Trägerin der Transformation in einer multikulturell geprägten postindustriellen Gesellschaft. Diese Gruppe darf die FDP nicht länger den Grünen überlassen. Die »alte Mittelklasse« verliert zunehmend an Kompetenz und Zustimmung.

Nicht zuletzt: Freiheit in Zeiten des Internets: Das ist eine Jahrhundertaufgabe für Liberale. Wann endlich wird diese zum Schwerpunkt von FDP-Politik! Wie sichern wir generell Freiheit und Freiheitsentfaltung. Dazu gehört, Freiheitsgefahren, wie sie auch in diesem Buch beschrieben werden, aufzuspüren und zu bekämpfen. Das gilt natürlich auch für arrogante staatliche Bevormundungstendenzen. Diffuse Staatsskepsis allein ist aber kein tragfähiges Konzept. Die FDP muss sie überwinden, denn nur so kann sie Staat und Gesellschaft nach liberalen Vorstellungen gestalten und die Freiheit sichern. Der Think-Tank Friedrich-Naumann- Stiftung für die Freiheit kann dazu wertvolle Beiträge leisten.

Die FDP hat genug Potential, um das zu schaffen – auch im Wahljahr 2021.

SCHLUSSWORT

In diesem Buch ist oft von Bedrohungen die Rede. Dennoch bin ich optimistisch und blicke nicht in eine düstere Zukunft. Allerdings blicke ich in eine Zukunft, in der sich vieles schnell verändern wird, verändern *muss*. Besinnen wir uns doch auf unsere Stärken – jeder für sich und auch die Gesellschaft insgesamt! Wenn wir um die Gefahren wissen, können wir sie auch leichter meistern. Nicht alles wird gelingen, Menschen mit dunklen Trieben ändern sich nicht. Es gilt leider oft das Recht des Stärkeren anstelle der Herrschaft des Rechts.

Nicht zum ersten Mal steht die Menschheit vor existentiellen Problemen. Aber heute haben sie Dimensionen von einer bisher nicht gekannten Brisanz. Ich spreche von der Globalisierung und Digitalisierung, von der Klimakatastrophe und der fortschreitenden Zerstörung unseres Planeten. Die Folgen erfahren wir weltweit: Geflüchtete, die sich mit ihrem Schicksal nicht mehr abfinden. Finanzmärkte, die sich verselbstständigen. Ungehemmte Datennutzung, die die

Menschenwürde zerstört. Cyberkriminalität und Cyberwar, und schließlich die nur mühsam gebändigte Bedrohung durch fortschreitende Aufrüstung und Atomwaffen. Und dazu noch die Jahrhundertkatastrophe der Pandemie – auch sie zeigt, wie verletzbar die Menschheit ist.

Keiner sitzt mehr in der Zuschauerloge. Auch wir Deutschen nicht. Dennoch: Unsere Demokratie ist heute stark. Nach der militärischen Befreiung durch die Alliierten 1945 ist es uns gelungen, uns in der Praxis unserer Demokratie und in unseren Köpfen vom Albtraum der Diktatur zu befreien. Diese große Leistung muss verteidigt werden! Nie zuvor haben die Deutschen eine so überzeugende Demokratie aufgebaut. Noch nie haben sie eine so konstruktive, vertrauensbildende Politik im Rahmen Europas und in der Völkergemeinschaft verfolgt. Unsere Kraft beruht heute nicht mehr auf Waffen und auch nicht allein auf unserer Wirtschaftskraft – unsere Politik wird von Werten geleitet. In der Präambel des Grundgesetzes sind die Deutschen aufgefordert, »in einem vereinten Europa dem Frieden der Welt zu dienen«. Die Welt nimmt wahr, dass wir den Auftrag ernst nehmen.

Stellen wir uns dem notwendigen Wandel und gestalten ihn entsprechend unseren Werten. Auf dieser Basis können wir uns mit denen verbünden in der Welt, die so denken wie wir. Das sind nicht nur die demokratischen Staaten – es sind auch die vielen unterdrückten Menschen in den Diktaturen. Die Sehnsucht nach Freiheit ist uns Menschen unauslöschlich eingeschrieben. Die *Allgemeine Erklärung der Menschenrechte* von 1949 drückt diese Verbundenheit durch die Idee der Freiheit in bisher nie da gewesener Überzeugungskraft aus.

Was bedeutet Wandel? In meinem langen Leben habe ich nie so viele Veränderungen erlebt wie gerade in den letzten Jahren. Ich denke allein an die rasanten Fortschritte in Wissenschaft und Technik, an die atemberaubenden Fortschritte in der Bio- und Gentechnik, in der Nutzung der Quantentechnologie, in der Kommunikationstechnologie, in der Medizin. Es besorgt mich, dass die Abschätzung der Technologiefolgen für unsere Gesellschaft der dynamischen Entwicklung hinterherhinkt. Ich plädiere nicht gegen den Fortschritt, sondern für seine verantwortungsbewusste Gestaltung. Humanes Denken und Wissenschaft müssen zusammengebracht werden.

Die neuen Kommunikationsmöglichkeiten ändern das Verhalten der Menschen zueinander – im Positiven wie im Negativen. Obwohl die Menschen heute ununterbrochen miteinander kommunizieren, verarmt die Qualität der Kommunikation. Facebook, Twitter und andere Plattformen der sozialen Medien verflachen Kommunikation und Meinungsbildung. In der Beschleunigung dieser Medien liegt auch ihre Oberflächlichkeit. Kommen wir doch zurück zu einem fundierten, abwägenden Meinungsaustausch.

Es muss ja nicht ein Briefwechsel sein, aber er hätte eben doch eine andere Qualität als ein Mail-Wechsel. Zur Durchdringung der komplexen Welt gehört jedenfalls mehr als Wikipedia-Wissen und Tweets.

Wandel bedeutet auch, dass wir überdenken, wie wir künftig wirtschaften. Der bedenkenlose Raubbau an der Natur muss ein Ende haben. Ich meine nicht allein den Klimawandel, ich denke auch an Tier- und Artenschutz. Es ist doch grotesk: Tierschutz steht im Grundgesetz, und die Massentierhaltung wird weiter praktiziert. Ich denke an Naturschutz, Schutz der Weltmeere, Ressourcenverbrauch und vieles mehr. In den Siebzigerjahren haben wir uns mit dem erschreckenden Bericht des Club of Rome auseinandergesetzt und auch reagiert, aber eben nicht nachhaltig genug. Im Gegenteil: Es ist noch viel schlimmer gekommen. Die jungen Menschen von Fridays for Future haben die Welt in Schwung gebracht. Nutzen wir diese Energien! Seit Langem fordere ich eine Freiheitsbewegung gegen die Gefahren des Internets: Jetzt beginnen junge Menschen endlich zu demonstrieren mit dem Ruf »Fuck the Algorithme«.

Wandel bedeutet auch, auf ein ungehemmtes Immer-weiter-so, auf das Immer-reicher zu verzichten. Wandel sollte bedeuten: Mehr Solidarität – oder etwas pathetischer: Mehr »Geschwisterlichkeit«. Täuschen wir uns nicht, Trump hat nicht nur durch Lügen und Skrupellosigkeit viele Menschen erreicht. Er hat Menschen erreicht, die sich abgehängt sehen und die sich in ihren bedrohten Existenzen, in ihren Ängsten und Unsicherheiten ausgegrenzt fühlen. Sie wurden nicht wahrgenommen und haben sich eine Stimme verschafft. Das hätten sie auch ohne Trump getan. Die Zahl dieser Menschen wächst auch hierzulande.

Wir müssen uns auch fragen: Was ist »Leistung«? Wie wird sie bewertet und öffentlich anerkannt. Wir wollen Leistungsbereitschaft fördern. Was bedeutet das für diejenigen, die nur geringe Aufstiegschancen haben, für all die Menschen in den unteren und mittleren Lohngruppen? Jetzt entdeckt die Gesellschaft notgedrungen die wichtige Rolle der Menschen, die im Pflegedienst arbeiten. Machen wir uns doch klar, was »Leistungsgerechtigkeit« bedeutet – auch bei der Verteilung der Vermögen. In den USA geben die Superreichen große Teile ihrer Vermögen ab, stiften sie für das Gemeinwohl. Was tun unsere Superreichen? Einige stiften, aber nicht in dieser Dimension.

Viele Menschen wollen ihre Lebensweise ändern. Das können sie in eigener Verantwortung tun. Die Gesellschaft aber muss die Rahmenbedingungen schaffen. Auch durch einen viel wirksameren Verbraucher- und Anlegerschutz, der noch deutlicher anzeigt, was man kauft und unter welchen Bedingungen Produkte hergestellt wurden.

Oft frage ich mich, wie spätere Generationen die Tatsache beurteilen werden, dass sich Millionen von Verbrennungsmaschinen mit Lärm und Abgasen durch unsere Städte quälen. Wo gibt es noch Ruhe in unseren Städten? Wandel bedeutet also: Mobilität neu denken.

Der Prozess der sexuellen Liberalisierung muss konsequent fortgesetzt werden. Eine Erinnerung: Bei den Koalitionsgesprächen 1980 übernahm ich den Part »Liberalisierung des Sexualstrafrechts«. Bundeskanzler Schmidt reagierte zunächst sehr zögerlich.

Wehren wir uns gegen die Kurzatmigkeit öffentlicher Aufmerksamkeit, gegen ihre Eindimensionalität. Ich plädiere für eine Reform des Denkens. Das heißt: Nicht mehr Denken in Teilen, sondern in Zusammenhängen. Zukunftsorientiertes Denken! Setzen wir nicht nur unseren Kopf ein, sondern auch unser Fühlen. Hier sind auch die Schulen gefragt. Eine Phase der weiteren Modernisierung unseres Landes steht an. Am Anfang aber muss eine Modernisierung des Denkens stehen.

Ich traue den Deutschen zu, dass sie sich dem notwendigen Wandel stellen. In meinen Lebensjahrzehnten waren sie oft herausgefordert: Wiederaufbau nach dem Krieg, Aufnahme von 12 Millionen Geflüchteten nach dem Krieg, Wiedervereinigung. Aufnahme von Geflüchteten vor Krieg, Hunger und Not heute. Die Deutschen haben vieles geschafft. Sie werden es auch schaffen, sich von der Pandemie zu erholen – hoffentlich in der Einsicht, dass »nach Corona« nicht »vor Corona« sein kann. Das Wichtigste bei all dem ist die Verteidigung unserer »geglückten« Demokratie. Wir alle sollten nicht vergessen: In Freiheit leben heißt Verantwortung tragen.

DANK

Zuvorderst möchte ich Thomas Bärnthaler, Redakteur beim SZ-Magazin, danken, der in wertvollen Gesprächen den Inhalt des Buches sortierte, die Struktur des Buches entwickelte und mich durch die richtigen Fragen herausforderte, in manchen Punkten noch präziser zu sein oder in anderen das große Ganze nicht aus dem Blick zu verlieren. Wir kannten uns bereits von der gemeinsamen Arbeit an meinem Buch *Der Baum und der Hirsch*, und auch dieses Mal hat der Austausch, das In-Form-bringen des Stoffes sehr viel Spaß bereitet.

Danken möchte ich auch Stefan Mayr, Programmleiter des Benevento Verlags, der mich zu diesem Freiheitsappell anregte und das Buch mit Geduld und Umsicht zur Drucklegung brachte.

Ganz besonders danken möchte ich meiner Frau Renate Liesmann-Baum. Sie kann nicht nur hartnäckige Korrekturleserin sein; vielmehr ermutigt sie mich immer wieder, den Dingen auf den Grund zu gehen, sie kritisch zu hinterfragen, sie aus anderen Blickwinkeln zu betrachten oder auch einmal neu zu denken. Sie ist mir inspirierende Partnerin für all meine Aktivitäten in Politik, Kultur und Recht.

LEKTÜRE-EMPFEHLUNGEN

Hannah Arendt, *Die Freiheit, frei zu sein*, München 2018.

Zygmunt Bauman, *Gemeinschaften. Auf der Suche nach Sicherheiten in einer bedrohlichen Welt*, Frankfurt am Main 2009.

–, *Das Vertraute unvertraut machen. Ein Gespräch mit Peter Haffner*, Hamburg 2017.

Ralf Dahrendorf, *Versuchungen der Unfreiheit. Die Intellektuellen in Zeiten der Prüfung*, München 2008.

Julia Ebner, *Radikalisierungsmaschinen. Wie Extremisten die neuen Technologien nutzen und uns manipulieren*, Berlin 2019.

Jürgen Habermas, *Der gespaltene Westen*, Frankfurt am Main 2004.

Sebastian Haffner, *Anmerkungen zu Hitler*, München 1978.

Wilhelm Heitmeyer, *Autoritäre Versuchungen. Signaturen der Bedrohung I*, Berlin 2018.

Wilhelm Heitmeyer et al., *Rechte Bedrohungsallianzen. Signaturen der Bedrohung II*, Berlin 2020.

Heribert Prantl, *Gebrauchsanweisung für Populisten*, Salzburg 2017.
Andreas Reckwitz, *Das Ende der Illusionen. Politik, Ökonomie und Kultur in der Spätmoderne*, Berlin 2019.
Peter Schantz/Heinrich Amadeus Wolff, *Das neue Datenschutzrecht*, München 2017.
Frank Schirrmacher (Hrsg.), *Technologischer Totalitarismus. Eine Debatte*, Berlin 2015.
Edgar Wolfrum, *Die geglückte Demokratie. Geschichte der Bundesdesrepublik Deutschland von ihren Anfängen bis zur Gegenwart*, Stuttgart 2006.

BUCHVERÖFFENTLICHUNGEN VON GERHART BAUM (AUSWAHL):

Auf und Ab der Liberalen. Von 1848 bis heute, Gerlingen (zusammen mit Peter Juling).
Der Baum und der Hirsch. Deutschland von der liberalen Seite, Berlin 2016 (zusammen mit Burkhard Hirsch).
Deutsche Innenpolitik. Der Staat auf dem Weg zum Bürger, Düsseldorf 1980.
Meine Wut ist jung. Bilanz eines politischen Lebens, München 2012.
Menschenrechtsschutz in der Praxis der Vereinten Nationen, hrsg. von Gerhart Baum, Eibe Riedel, Michael Schaefer, Baden-Baden 1989.
Der Minister und der Terrorist. Gespräche zwischen Gerhart Baum und Horst Mahler, Hamburg 1980.

Rettet die Grundrechte. Bürgerfreiheit contra Sicherheitswahn – eine Streitschrift, Köln 2008 (übersetzt ins Russische, Ukrainische, Georgische und Türkische).

SACH- UND PERSONEN-VERZEICHNIS

68er 10, 74

AfD 39f., 43, 46, 51, 134
Allgemeine Erklärung der Menschenrechte 65, 109, 153
Amazon 56f., 68, 105
Angst 13, 16, 18, 20, 22, 26f., 34, 44, 46–48, 51, 85, 93–95, 100f., 115, 137, 155
Antisemitismus 14, 45
Arendt, Hannah 25, 28, 36
Asyl, Asylrecht 116f.
Autonomie 54, 67, 69

Bauman, Zygmunt 49, 119
Belarus 15, 112, 123
Beuys, Joseph 102
Biermann, Wolf 36
Biometrie 87, 91
BND (Bundesnachrichtendienst) 84
Böll, Heinrich 13, 38
Bommarius, Christian 93
Brandt, Willy 11, 33, 130

Bräuer, Markus 69
Brexit 20, 119
Bürgerrechte 29, 83, 128, 131, 133f., 136
Bürgerrechtsbewegung der DDR 35
Bundesverfassungsgericht (BVerfG, »Karlsruhe«) 30, 40, 60–62, 64, 67, 72, 75, 77f., 84, 86–88, 90, 92, 98, 105

China 19f., 54, 100, 112, 121
Computergrundrecht 62
Corona 18, 43, 53, 59, 75, 78–80, 82f., 97–99, 102, 104f., 107, 138, 143, 147, 156

Dahrendorf, Ralf 36f., 87, 130, 139
Datenschutz, Datenschutzgesetz 13, 21, 58–60, 62f., 65f., 70f., 129, 132
DDR 28f., 34–36, 46f.
Dehler, Thomas 28, 125
Deutsche Einheit 28, 34–36
Di Fabio, Udo 92, 119
Digitalkonzerne 21, 64, 70
Digitalisierung 16, 21, 53–55, 57f., 66f., 69, 71, 105, 151
Dresden 7f., 38, 41, 50, 116

Ellsberg, Daniel 95
»empathischer Liberalismus«, empathische Politik 137f., 141f.
EuGH (Europäischer Gerichtshof) 57, 64, 66
Europa 11, 20, 35, 43, 64, 68, 71, 114, 118f., 121, 134, 152
Europäische Union 20, 116f., 119

FDP 9–11, 13f., 32f., 59, 71, 74f., 79, 86, 117, 125–149
Flach, Karl-Hermann 130
Frauenquote 147
Freiburger Programm 11, 75, 129–131, 139f., 144
Fridays for Future 70, 145, 154
Friedrich-Naumann-Stiftung 114, 122, 149
Fukuyama, Francis 17

Gauck, Joachim 35, 46
Geißler, Heiner 48
Genscher, Hans-Dietrich 34, 118, 130, 133, 137, 144
George, Stefan 9
Gleichberechtigung 147
Globalisierung 16, 48, 130, 139, 151
Google 21, 56f., 68, 70, 105
Gorbatschow, Michail 35
Großer Lauschangriff 61, 76, 86
Grote, Adolf 8f.
Grünbein, Durs 38
Grundgesetz 10, 27–30, 41, 74–77, 84, 98, 105, 117, 152, 154
Grundrechte 63, 75f., 93, 98, 100
Die Grünen 11, 64, 133, 135, 145, 148
Günther, Klaus 78

Habermas, Jürgen 21, 57, 78, 80, 92, 110
Havel, Václav 36
Heine, Heinrich 100
Heitmeyer, Wilhelm 42, 44

Helsinki-Konferenz 34, 114, 123
Herrmann, Joachim 42
Hersch, Jeanne 37
Hirsch, Burkhard 77, 86, 117, 127
Hitler, Adolf 7, 27, 34, 36, 45
Höcke, Björn 51
Hofmannsthal, Hugo von 9
Hohmann-Dennhardt, Christine 90

Innere Sicherheit 91, 93, 132
Internationaler Strafgerichtshof 108, 110f., 113
Internet 15, 21, 45, 53, 55–57, 60, 67, 69f., 148, 154
Islam 30, 43
Islamisierung 48
Islamisten 50

Jamaika-Koalition 133
Jaspers, Karl 36, 74
Kant, Immanuel 28, 78, 110, 130
Kemmerich, Thomas 127, 134
Kennedy, John F. 140
Kinkel, Klaus 133
Klimawandel 19, 143, 154
Knaus, Gerald 118
Kolesnikowa, Maria 123
Kulturpolitik 16, 102f., 126

Lambsdorff, Otto Graf 128f., 131
Leinemann, Jürgen 138
Leutheusser-Schnarrenberger, Sabine 86, 127
Lindner, Christian 132, 141, 145

Lockdown 76f.
Lübcke, Walter 43

Mahler, Horst 12
Maihofer, Werner 129f., 141, 144
Mann, Heinrich 74
Mann, Thomas 9, 30f., 36, 51, 120
Mansour, Ahmad 50
Menke-Glückert, Peter 144
Menschenrechtskommission 15, 108
Menschenrechtspolitik 108f., 112, 115
Merkel, Angela 134f.
Michnik, Adam 36
Mittelklasse 148
Mutschmann, Martin 7

Nationalsozialismus 26f., 37–40, 73, 91
Nawalny, Alexej 123
Nordrhein-Westfalen (NRW) 50, 62, 103, 128, 132f.

Öffentlich-Rechtlicher Rundfunk 104f.

Papier, Hans-Jürgen 85
Pegida 43
Popper, Karl 32, 37
Prantl, Heribert 89, 120
Prävention 50, 89f.
Privatheit 59, 61, 64–67, 70f., 90
Putin, Wladimir 19, 122

Radikalenerlass 12, 88
RAF 12f., 38, 42, 59, 92, 94

Rawls, John 141
Rechtsextremismus 14, 23, 37, 39–45, 47, 49, 81
Rechtsstaat 29, 83, 89, 116, 129
Reckwitz, Andreas 82, 148
Reich, Jens 36
Reiter, Julius 14, 62
Rilke, Rainer Maria 9
Röpke, Wilhelm 9
Russland 8, 19f., 26, 35, 94, 100, 112, 121–123

Sarrazin, Thilo 48
Schäuble, Wolfgang 76f., 92
Schiller, Friedrich 99, 101
Schily, Otto 93
Schirrmacher, Frank 57f, 69, 142
Schmidt, Helmut 11, 22, 118, 156
Schmitt, Carl 91f.
Schrems, Maximilian 66
Selbert, Elisabeth 28
Snowden, Edward 68, 94f.
Solidarność 34, 114
Soziale Marktwirtschaft 141f.
Soziale Medien, soziale Netzwerke 66, 69, 153
Sozialer Liberalismus 11, 129f., 140, 142
SPD 13, 130
Spinoza 75
Strauß, Franz Josef 33, 42
Südafrika 108
Sudan 108f., 113

Tellkamp, Uwe 38
Terrorismus 12f., 40, 59, 82–84, 87f., 92–94

Thüringen 134
Trump, Donald 19, 154f.
Türkei 15, 113f., 118

Umweltschutz 71, 131–133, 136, 143–145
USA 10, 19, 38, 54, 66, 71, 81, 92, 95, 99, 120f., 155

Vereinten Nationen 15, 20, 65, 108f., 112
Vestager, Margrethe 64
Völkerrecht 65, 110–112,
Volkszählung 60, 66
Vorratsdatenspeicherung 88, 90
Weimarer Republik (Weimarer Reichsverfassung) 27, 29, 44, 51, 73, 128
Weizsäcker, Carl Friedrich von 94
Weizsäcker, Richard von 34
Welzer, Harald 57
Whistleblower 94f.
Wiedervereinigung 11, 33, 46, 49, 156

Zimmermann, Friedrich 131
Zuboff, Shoshana 58

DAS BESTE AUS »AUGSTEINS WELT«

Ganz gleich, ob es um Chinas Griff nach der Weltmacht geht, um die Hybris bei der Deutschen Bank oder um den Wunsch vieler Unternehmen, nachhaltiges Investment zu betreiben: Franziska Augstein wirft ein Licht auf den Schlamassel, der in unserer Wirtschaft vielfach angerichtet wird, weil sich wieder mal jemand selbst überschätzt.

FRANZISKA AUGSTEIN
VON WAGEMUT, IRRTUM UND VERBLENDUNG
224 Seiten · 14,5×21cm
Hardcover
ISBN: 978-3-7109-0117-1 · € 20,00

Eine vergnügliche Reise durch die Welt der Musik

»… ein herrlicher Essay über die Musik und das Kulturleben an sich in 58 Folgen.«

Münchner Merkur

»So muss man über Musik erst mal schreiben können.«

ARD

ELEONORE BÜNING
WARUM GEHT DER DIRIGENT SO OFT ZUM FRISEUR?
224 Seiten · 14,5×21cm
Hardcover
ISBN: 978-3-7109-0099-0 · € 20,00